SOBRE A FICÇÃO

RICARDO VIEL

Sobre a ficção

Conversas com romancistas

Companhia Das Letras

Grafia atualizada segundo o Acordo Ortográfico da Língua Portuguesa de 1990, que entrou em vigor no Brasil em 2009.

Capa
Raul Loureiro

Imagem de capa
daboost/ Adobe Stock

Revisão
Huendel Viana
Angela das Neves
Valquíria Della Pozza

Dados Internacionais de Catalogação na Publicação (CIP)
(Câmara Brasileira do Livro, SP, Brasil)

Viel, Ricardo
Sobre a ficção : Conversas com romancistas / Ricardo Viel. – 1ª ed. – São Paulo : Companhia das Letras, 2025.

ISBN 978-85-359-3942-2

1. Arte de escrever 2. Criação (Literária, artística etc.) 3. Ensaios – Coletâneas 4. Entrevistas (Jornalismo) 5. Ficção – Arte de escrever 6. Literatura – História e crítica I. Título.

25-282376 CDD-808.88

Índice para catálogo sistemático:
1. Entrevistas : Escritores : Literatura 808.88

Cibele Maria Dias – Bibliotecária – CRB-8/9427

EDITORA SCHWARCZ S.A.
Rua Bandeira Paulista, 702, cj. 32
04532-002 — São Paulo — SP
Telefone: (11) 3707-3500
www.companhiadasletras.com.br
www.blogdacompanhia.com.br
facebook.com/companhiadasletras
instagram.com/companhiadasletras
x.com/cialetras

De los diversos instrumentos del hombre, el más asombroso es, sin duda, el libro. Los demás son extensiones de su cuerpo. El microscopio, el telescopio, son extensiones de su vista; el teléfono, de la voz; luego tenemos el arado y la espada, extensiones de su brazo. Pero el libro es otra cosa: es una extensión de la memoria y de la imaginación.

Jorge Luis Borges

Gabo nos había pasado a buscar por nuestro hotel en Cartagena de Indias al mediodía y estuvimos con él hasta las seis o siete de la tarde. Almorzamos, recorrimos a pie el casco antiguo de la ciudad, visitamos algunos sitios que aparecen en sus novelas y el fotógrafo se tomó más de dos horas para retratarlo.

Ya caía el sol cuando nos despedimos y le preguntamos a qué hora quedábamos para la entrevista al día siguiente. "¡Pero si la entrevista ya empezó!", nos contestó.

Ezequiel Martínez, sobre a primeira vez
que entrevistou Gabriel García Márquez

Sumário

Apresentação

De que são feitos os romancistas

Joselia Aguiar

Não é preciso dizer ao leitor de romances quão fascinante é ouvir escritores falarem de como descobriram o ofício, de onde vêm seus personagens, se conseguem controlar as histórias enquanto as inventam ou qual a sensação da obra pronta. Livros de entrevistas sobre a arte da ficção são parte da tradição literária, e não é outro o motivo para existirem nos últimos anos tantos encontros com autores e festas das letras, senão prolongar o prazer da leitura com essas conversas, ora despretensiosas ao abordar minúcias técnicas, ora comoventes quando enveredam por reflexões sobre a existência e seus mistérios.

Este *Sobre a ficção* não é apenas mais um, e sim um excelente exemplar do gênero. Dez romancistas contemporâneos de língua portuguesa e espanhola admirados por leitores e críticos receberam Ricardo Viel para, na intimidade de casa ou no intervalo improvisado de viagens a trabalho, lhe contar sobre os embates entre memória e imaginação na construção da maquinaria de cada romance.

Por vezes se trata de operação calculada pacientemente. Cadernos são anotados por anos, chega-se a comprar objetos que poderiam pertencer às personagens. Em muitas situações, a intuição e o imprevisto operam sem que o autor se perturbe ou tente discipliná-los, aceitando que são imprescindíveis para a criação. Diferentes em suas origens e idades, os entrevistados têm em comum o sentimento de deslocamento e estranheza, a consciência do processo de aprendizagem que acontece com a escrita, o cultivo das próprias obsessões, o deslumbramento com o jogo vertiginoso da ficção. Não raro esses diálogos alcançam questões tão díspares quanto Deus e o mercado editorial. Ao discorrerem sobre a literatura que escolheram fazer, eles invariavelmente repassam suas biografias e, mesmo sem intenção, acabam por esboçar um sentido para a vida.

Valter Hugo Mãe coleciona palavras desde criança — "pirilampo" é até hoje uma das preferidas. Dulce Maria Cardoso, aos catorze anos, convenceu os pais a deixá-la frequentar aulas de datilografia. Duvidava que outro curso pudesse servir para que se transformasse numa escritora. O seu procedimento romanesco mais eficiente, à altura da entrevista, consiste em apagar tudo o que escreveu tão logo o livro se conclua, para reescrevê-lo de memória. Atenta aos vestígios do passado familiar, Tatiana Salem Levy se recorda de um tempo na universidade brasileira em que ninguém se sentia estimulado a escrever, o interesse causava vergonha no aspirante a autor, o importante era cultivar os clássicos. Ultrapassada essa barreira, tem como desafio a ideia de que há um destino para trás, e não para a frente — depois que as coisas acontecem é que se encontra a narrativa. Um sujeito absolutamente organizado no cotidiano, Juan Gabriel Vásquez, depois de participar de simulações de ataque a bomba em sua adolescência na Colômbia, enfrentou a imensa desordem interior ao descobrir, aos 26 anos, que podia escrever sobre seu país.

Djaimilia Pereira de Almeida já escreveu livros na companhia de tias falantes e solitariamente na cozinha, quase sempre ouve rádio e sente falta de personagens antigos: a imaginação, como argumenta, é selvagem e não tem propriamente regras. Bernardo Carvalho desenvolveu um método de escrita baseado na experiência do medo, para que a racionalidade incorpore o inconsciente e a subjetividade, atingindo um lugar de desmesura para além das ciências humanas. Milton Hatoum vê o romance como exercício da paciência, numa busca de autoconhecimento através da vida dos outros. Rosa Montero, capaz de antecipar na ficção o que sucederia mais tarde consigo, escreve para suportar a vida. Javier Cercas argumenta que a literatura serve para mudar o mundo ou não serve para nada. Não pertencendo completamente a nenhum mundo, Mia Couto está mais ou menos à vontade nos dois, três ou quatro existentes, sem desejar dizer qual é mais verdadeiro que o outro.

As passagens acima servem como pequeníssima amostra da pluralidade dos relatos, um percurso que vai da infância à maturidade, abarcando dores e afetos, métodos e rotinas, entre a angústia e a vitalidade. O conjunto é tão vasto quanto preciso, com momentos ora líricos, ora desconcertantes, e quase sempre a literatura encontra-se com a história, a política, a ética, a psicanálise. O fluxo ocorre com tal envolvimento, que o leitor talvez não se aperceba do fio invisível a unir tantas vozes: se o resultado destes diálogos nos dá uma medida preciosa da arte da ficção, nos dá também da arte da entrevista. Viel atua com delicadeza e discrição, assentindo que seus entrevistados ocupem o primeiro plano todo o tempo. É um inquiridor como deve ser. Tem propriedade sobre a obra de cada um dos interlocutores, de seus passos e entrevistas até ali, sem lhes tirar autonomia. O seu repertório, mobilizado sem afetação, torna a sucessão de perguntas ao mesmo tempo desafiadora e suave, e a edição das tantas horas dispendidas em cada encontro leva a uma versão final em nada enfadonha, ainda que se possa tocar em temas triviais — mas nunca banais.

Sobre a ficção — e aqui é assombroso notar, por fim — não revela apenas o pensamento e a vida dos dez romancistas que aceitaram dialogar com Viel; nas frases e obras citadas no decorrer das conversas aparecem ainda, com graça e extravagância, um sem-número de autores. Braque, Borges, Calvino, Cortázar. Dostoiévski, Faulkner, Flaubert, Tolstói. Clarice, Machado de Assis e Guimarães Rosa. Virginia Woolf e Zurita. Com esse passeio em companhias tão inteligentes, o leitor poderá deduzir, entre os muitos remates possíveis, que mesmo estando só ao atravessar um romance, a literatura lhe permite estar sempre em boa companhia.

Introdução

Alonso Quijano enlouqueceu de tanto ler livros ou foi graças a eles que o protagonista de *Dom Quixote* criou coragem para abandonar uma vida medíocre e se lançar em busca de aventuras que dessem sentido a sua existência? Foi por culpa dos livros que Emma cometeu adultério ou eles permitiram que a protagonista de *Madame Bovary* se rebelasse contra um casamento de conveniência e fosse à procura das maravilhas e dos perigos de se viver uma paixão?

De tanto ler romances e perceber que eles lhe traziam mais dúvidas do que certezas, o autor deste livro decidiu ir atrás daqueles e daquelas que os escrevem para lhes fazer perguntas sobre os mistérios da criação literária.

Talvez esta seja uma introdução satisfatória deste livro porque ele, de fato, trata disto: da atração, do encanto e do poder que a ficção exerce sobre as pessoas — sejam elas criaturas inventadas, como a Bovary de Flaubert e o Quixote de Cervantes, sejam seres de carne e osso, como nós.

O critério da escolha dos nomes que integram este volume foi bastante subjetivo: são pessoas cuja obra conheço, admiro, e com quem mantenho uma relação minimamente próxima para lhes pedir que me atendessem para uma conversa sem pressa e sem um roteiro predeterminado.

Na minha biblioteca pessoal, à literatura brasileira — primeira paixão — juntaram-se com o passar dos anos os livros em espanhol e os autores e as autoras de Portugal e suas ex-colônias africanas. Foi essa a literatura que aprendi a decifrar. É ela, sobretudo, que tem me feito companhia. Isso explica o recorte de autoras e autores deste livro.

Graças a nossas leituras, nós, eu e vocês, acabamos por nos encontrar aqui.

É razoável imaginar que compartilhamos sentimentos similares durante as nossas experiências. Atrevo-me a afirmar que, mais do que uma bandeira, um sotaque ou uma ideologia, o que nos une é a atração por esse objeto perfeito que é o livro.

Seria a maior das recompensas se vocês também se sentissem partícipes das conversas que estabeleci com esses romancistas.

Se ler e escrever são atos essencialmente solitários, uma conversa exige que estejamos acompanhados. Obrigado por terem vindo, espero que desfrutem destes encontros.

Rosa Montero e o animal que somos

Cascais, verão de 2015

"Sou biônica, como minha personagem. Vou mostrar", diz, risonha, enquanto procura no celular uma fotografia onde se vê uma coluna vertebral atravessada, na parte inferior, por vários parafusos. "Tenho quatro parafusos nas costas, com essas porcas imensas que você vê aqui, e isto é uma placa de titânio que não se vê muito bem porque fica atrás e é sustentada pelos parafusos." Abre os dedos polegar e indicador, como se fosse pegar um copo, e diz: "São deste tamanho, o que acha?".

A mulher que é capaz de falar com bom humor de algo que nos últimos anos a impede de fazer coisas que lhe são prazerosas, como fazer trilha nas montanhas, se chama Rosa Montero. Jornalista e escritora de mais de uma dezena de romances, esta madrilenha nascida em 1951 fala sobre os livros que tem planejado escrever com o entusiasmo de uma debutante. Entusiasmo e vitalidade que parece colocar em tudo o que conta e faz. Talvez por isso seja tão difícil para ela aceitar a ideia de que um dia terá que ir embora — ou, nas suas palavras, será expulsa — da vida.

Depois do falecimento de seu companheiro, Pablo Lizcano, vítima de um câncer, ela procurou um lugar afastado onde pudesse se desconectar dos compromissos e da agenda que tem em Madri. Pensou em Londres, mas as economias só chegavam para que comprasse um apartamento minúsculo. Foi seu irmão quem aconselhou que olhasse algo na costa portuguesa, onde poderia comprar um apartamento grande e moderno, e teria a comodidade de vir de carro na companhia de Carlota, sua cadela.

Agora é ali, numa sala com vista para o mar e com um silêncio de mosteiro, que a escritora se fecha para escrever. Sai pouco de casa, basicamente para levar a cachorra a passear na orla da praia. Nessas temporadas de reclusão, em que a sempre elegante Rosa não coloca anéis nem se maquia, não recebe visita. Ainda assim, aceitou conceder esta entrevista. Simpática e bem-disposta, não olhou para o relógio nem fez restrições, mesmo que, como disse em dado momento, perder tempo seja algo que a angustia. "Sou generosa com muitas coisas, mas não com o tempo, porque é algo que já não me sobra."

Gabriel García Márquez dizia que fazer uma entrevista é como fazer amor, se os participantes não se gostam é difícil que saia algo bom. Você trabalhou muito tempo no *El País*, fez diversas entrevistas. É assim mesmo?

Não acho. Calculo que fiz umas 2 mil entrevistas na vida. Esse tipo, o da intimidade, é uma das vias. É um bom caminho, o que mais pratiquei. Mas também há a via da confrontação, que pode funcionar bem. O importante é tirar a cobertura, a capa que o personagem usa. Todos usamos, mas as pessoas públicas têm coberturas mais fechadas. Então é preciso forçar um pouco para espreitar o que há por debaixo. A entrevista tem um pouco de psicanálise, porque é alguém de fora que escuta, que tem interesse em saber o que você tem para contar e que não julga — ou não deveria julgar —, e além de tudo é um desconhecido, o que é muito bom para que você se solte e conte intimidades (ainda que pareça paradoxal). Ou seja, a intimidade é uma via, mas confrontar o entrevistado pode fazer com que ele abandone as máscaras, saia da couraça.

Você se cansou de fazer entrevistas?

Eu me cansei do jornalismo. Foram dezenove anos, é muito tempo. E agora que me resta relativamente pouco tempo de vida, de vida total, eu digo, prefiro me dedicar a outras coisas a repetir as que já conheço.

E também está cansada de dar entrevistas?

Bom, também, mas esta aqui é diferente. Quando você lança um livro, é um coisa muito chata, porque todas as perguntas são iguais e, se não perguntam as mesmas coisas, é ainda pior, pois você faz aquilo justamente para falar do seu livro. Produz-se um efeito perverso, porque acho que todos os escritores pensamos que os nossos livros são melhores do que nós, e neles falamos de coisas que são importantes para nós. Mas nos lançamentos a repetição é tanta que acaba se esvaziando, você acaba odiando aquele livro. Demora muito tempo para voltar a falar daquilo como uma verdade.

Contei ao seu amigo Héctor Abad Faciolince que iríamos nos encontrar e lhe pedi uma pergunta. Ele me mandou o seguinte: Somos ensinados a cuidar do corpo, a não o maltratar. Que sentido tem fazer uma tatuagem, essa espécie de ofensa à pele, couraça tão frágil? Não há qualquer coisa de autoflagelação cristã nisso?

Bom, logo de cara eu nego a premissa. Sempre nos ensinaram? Isso é mentira, querido Héctor. Depende da cultura, não é assim.

A cultura judaico-cristã é restritiva ao corpo, maltrata-o com jejuns, com a abstinência sexual etc. A maior parte das culturas inflige, machuca o corpo. Muitas culturas fizeram e fazem intervenções: escarificações, alargamento de pescoço, achatamento de membros, brincos, tatuagens etc. Deve haver um motivo, e qual seria? É que todas as culturas precisam marcar o conflito que existe entre o espírito, para chamá-lo de algum modo, e o corpo; entre a razão e o físico. Nós nos sentimos presos ao corpo. Não escolhemos o corpo que nos deram. Não escolhemos ser bonitos ou feios, saudáveis ou doentes. E nosso corpo, no final, adoece e nos mata.

Então a tatuagem funciona quase como uma vingança contra o corpo?

É uma maneira de torná-lo seu. A história humana está cheia de intervenções físicas, dessa luta do ser humano contra o corpo. É uma maneira de converter esse corpo que nos escraviza em algo nosso. Fazer-lhe uma marca, de acordo com a sua vontade, é torná-lo seu. Por isso uma pessoa que faz uma tatuagem quer fazer 20 mil. Você tem alguma?

Não.

Pois não imagina o prazer que é. Eu fiz esta [mostra uma salamandra de um palmo de largura pintada no antebraço] há quinze anos e tive que me conter para no dia seguinte não fazer outra. Fiquei meses olhando para o meu braço e dizendo: uau, que linda! É uma sensação de libertação, uma felicidade. Como se eu dissesse para ele (corpo): Seu filho da mãe, agora esta salamandra, que eu decidi fazer, vai ficar aqui até você morrer. Você, que me aprontou tantas, vai agora ter que suportá-la. Por isso dá vontade de encher o corpo de tatuagens. Quando operei a coluna e me colocaram esses parafusos enormes pensei: preciso fazer uma tatuagem para voltar a tomar conta deste corpo que está me fazendo sofrer. Foi quando fiz esta [mostra três pequenos pássaros que sobem pelo braço e chegam até o ombro].

Vai fazer outra?

Quero fazer mais uma, a última. Vou escrever na perna a frase: *ni pena ni miedo*. É um verso de um poeta chileno chamado Raúl Zurita, um homem que foi preso durante a ditadura do Pinochet. Quando estava sendo torturado, em pleno horror, para fugir, para esquecer, ele pensava que estava escrevendo poemas no céu, no deserto, nas montanhas. Então, quando acabou a ditadura, conseguiu um apoio e no deserto do Atacama, o mais árido do planeta, com uma retroescavadeira, fez uma espécie de Linhas de Nazca. Cavou essa frase numa área de três quilômetros, cada letra mede quatrocentos metros de largura e dois de profundidade, e só pode ser vista de cima. Faz uns meses, fui ao Atacama e vi aquilo.

A primeira frase de *A ridícula ideia de nunca mais te ver* é: "Como não tive filhos, a coisa mais importante que me aconteceu na vida foram os meus mortos". É uma maneira bastante forte de começar um livro.

Acho que isso é um fato, algo que não é só meu e que é bastante claro. Nossos mortos e nossos filhos são as coisas mais importantes que nos acontecem na vida. Sempre recebo muitas mensagens, porque sou bastante acessível. Mas com esse livro foram muitíssimas. E 90% das pessoas me escreviam para contar histórias de mortes próximas. O extraordinário é que essas histórias não eram tristes, eram preciosas, celebravam o amor. Acho que essas pessoas não tinham podido contar isso a ninguém, nem sequer podiam reconhecer que havia alguma beleza ali, porque, quando há uma morte, temos a cabeça mergulhada na dor. Então, o meu livro, sem que eu tivesse a intenção, proporcionou aos leitores o resgate da beleza das mortes próximas.

Embora não seja um livro sobre a morte.

Para mim não é um livro nem sobre o luto, e sim sobre a vida. Sobre como aprender a ser mais feliz, a viver com menos medo de morrer, com menos medo dos mortos, com mais serenidade. O que acontece é que para chegar a essa serenidade vital é preciso, previamente, alcançar certos acordos com a própria morte, e com a morte dos entes queridos. Por isso se fala tanto da morte num livro sobre a vida, porque para aprender a viver é preciso, antes, aprender a fazer algo com a morte. E acho que o livro deu uma opção às pessoas de poderem verbalizar, assumir a parte bela da dor. Isso é maravilhoso porque essa é a função da arte. Como dizia Georges Braque, "a arte é uma ferida transformada em luz". O que vamos fazer com as feridas senão tentar convertê-las em luz?

Mas ainda assim você costuma dizer que muitas vezes não consegue aplicar na vida essa sabedoria que está nos seus livros.

Sem dúvida, meus livros são muito mais sábios que eu. Não há nem comparação. Costuma acontecer de um leitor se aproximar e ler algum fragmento de um livro meu. Então eu penso: se sou capaz de escrever coisas assim, por que não sou capaz de vivê-las? [Risos.] É complicado, a serenidade vem e vai, é como uma vibração, como uma nota musical que o vento leva e traz.

A morte do seu companheiro, como você conta no livro, é algo que não se supera. Você fala em reinvenção, porque nunca será a mesma pessoa.

Sim, isso muda a sua vida de uma maneira radical. O que eu tinha se acabou. Verdadeiramente, durante a vida vivemos várias vidas. Já estou na terceira ou quarta.

No livro você diz que sobre a vida só sabemos duas coisas: que vamos morrer e que haverá uma cota de sofrimento que teremos que enfrentar.

Sobre isso temos 100% de certeza, e só sobre isso, nada mais. A questão é saber o que fazer com essas duas certezas, como se adequar a isso, como aceitar a ideia da morte. Não só com a nossa morte, mas com a morte das pessoas queridas. Como chegamos a aceitar isso? É preciso aprender com o sofrimento — essa é outra das questões frequentes nos meus romances. O que fazer com ele para que não nos destrua, porque sempre nos destrói. Temos que aprender a lidar com isso.

Você costuma dizer que Bruna Husky, personagem sua que é um robô, tem muito de você, que seria um alter ego, ainda que mais valente e determinada. Mas Bruna tem muita dificuldade com a questão das emoções, nas relações com os demais. Vocês são parecidas nesse sentido também?

Não, nisso não. Eu gosto muito de gente, é das coisas que mais gosto na vida. Sempre tive muitos amigos e essa é, sem dúvida, a maior conquista da minha vida. Quando me sinto triste penso que tenho amigos tão incríveis, tão generosos, que me deram de tudo — tenho amizades de trinta, quarenta anos —, que alguma coisa boa devo ter feito para merecê-los. O que acontece é que muitas vezes os personagens são como máscaras daquilo que você é e também do que não é, do que tem medo, dos seus sonhos e pesadelos. Bruna é muito parecida comigo por outras coisas, por exemplo, pela obsessão que tem pela morte e pela passagem do tempo. Não é só que ela tenha medo, ela odeia a morte. Detesta a morte, sente que é uma fraude. Como é possível que cheguemos ao mundo com tanta vontade de viver para morrermos tão rápido? Não pode ser assim.

Você também tem medo da morte?

Não é só medo, é desespero, é uma fúria. Odeio a "ladra dos doces", como é chamada nas *Mil e uma noites.* Odeio e também sinto que a vida é um roubo, um engano. Quando cheguei aqui, não sabia que ia morrer. Bom, na verdade soube desde muito cedo, porque desde pequena tive a consciência da mortalidade e da passagem do tempo. Mas ainda assim, não quero, não gosto disso. Não há outra forma de sair disso que não seja morrendo? Não pode ser!

Isso tem um lado bom, significa que você está muito agarrada à vida, que gosta muito de estar aqui.

Adoro viver, sou uma pessoa que desfruta muito da vida. Tenho alegria e isso não é um mérito, é algo fisiológico. Devo ter muita oxitocina no corpo, não sei como explicar. É a minha composição química. Posso estar triste, mas, de repente, saio na rua, vejo o sol, o céu azul ou qualquer outra coisa e pluf: todas as minhas células começam a vibrar de alegria de viver. Mas compreendo a melancolia. É a consciência da beleza e, ao mesmo tempo, de que essa beleza não vai durar. Se a pessoa tem vitalidade, a melancolia não é algo mau. A melancolia é intelectual, racional, e a vitalidade é o outro lado, é o corpo, o animal que somos. E esse animal que sou pede vida, e desfruta. O animal que sou é que me salva da minha cabeça.

Como Bruna, você conta o tempo que ainda tem de vida?

Antes eu fazia um jogo de dobrar a minha idade. Quando tinha quinze, pensava em como seria aos trinta. Quando tinha vinte, como ia ser ter quarenta. Mas faz tempo que deixei de dobrar, porque a conta já não fecha. Já vivi mais do que viverei e não quero chegar aos cem anos. Bom, quando chegar a hora, não vou querer morrer, isso é verdade. O animal que sou, que há dentro de mim, não vai querer morrer.

É bonito isso.

Mas também não quero viver cem anos. Porque gosto muito de saborear a vida, não quero uma substituição de vida, quero uma vida plena.

Você costuma dizer que para trabalhar como jornalista durante a ditadura foi obrigada a reprimir o seu lado emocional, a sua parte fantástica. E hoje, você é mais razão ou emoção?

Tenho uma parte racional que adoro, é uma ótima ferramenta. Gosto de ter essa capacidade lógica, gosto de ter uma mente bem científica. Sou de letras, mas a ciência me encanta. O que acontece é que também adoro a fantasia e tenho um lado imaginativo tremendo. Nesse sentido sou capaz de viver as duas coisas.

E a questão da sua memória, de não saber o que viveu ou imaginou? Como diz em *A louca da casa*?

É que para mim a vida é isso, uma coisa imprecisa e vibrante. Conto no livro que tenho essa memória pavorosa e que quando passa o tempo — imagina só, quinze anos depois de que aconteceu algo —, há muitas coisas de que me lembro e que não sei se foram vividas ou imaginadas, se as escrevi ou sonhei. Para mim tudo isso tem a mesma veracidade. Deve ser como um computador, se você não salva, ele não guarda a informação, e eu não tenho o neurotransmissor que guarda. Foi sempre assim e sempre procurei uma justificativa. Talvez o que aconteça é que se você tem muita imaginação, o cérebro, que sabemos ser muito plástico, necessita esvaziar o lugar da memória para ocupar com tanta ficção.

Nesse livro você fala muito das coincidências. Tenta encontrar explicação para elas?

Não sei. Há uma parte mítica minha, por assim dizer, aquela parte da narradora, a parte fantástica, que pode pensar histórias que façam com que as coincidências coincidam, como dizem os cientistas. Mas a minha razão não acredita que exista nada disso. Quem é que sabe? Talvez haja algo, uma lei da ciência que ainda não descobrimos e explique isso. Na Idade Média as pessoas não sabiam que os vírus existiam e não podiam imaginar que uma pessoa pudesse contaminar a outra com um resfriado, como elas resolviam isso?

Acho que não somos conscientes do pouco controle que temos sobre as nossas vidas, de que a grande maioria das coisas que acontecem é decidida por outras pessoas ou pelo acaso.

Não temos controle sobre nada do que acontece, mas temos controle sobre como responder ao que acontece. Sempre há a possibilidade de escolher algo, ainda que o leque seja pequeno, para responder ao que aconteceu. De maneira que a sua vida, no final das contas, depende de você.

E do acaso também, não?

Do acaso, sim, mas você pode responder, pode decidir. Depende do acaso quando acontecem coisas irreversíveis na vida: que morra o seu companheiro, que conheça alguém e essa pessoa esteja comprometida... Por que não a conheceu antes, quando não estava com ninguém, ou depois, quando já não estará? Ou que conheça alguém e tenha que viajar e não volte a vê-la. Essas coisas são alucinantes. Há tantas coisas que podem acontecer, não é? A vida está cheia de acasos. As células se dividem o tempo todo e, de repente, uma estúpida célula enlouquece e começa a produzir uma porcaria de tumor dentro do seu corpo. É assim...

Você escreveu um romance cuja história é de um homem que fica viúvo depois de a mulher ter um câncer. Uns anos depois, você ficou viúva porque o seu companheiro morreu vítima de um câncer...

Bom, isso foi bestial. Esse livro, *Instruções para salvar o mundo*, saiu em maio de 2008 e fui fazer a divulgação do livro e coisa e tal. No dia 12 de julho daquele ano o Pablo foi diagnosticado com um câncer.

E como você interpreta isso?

Não sei, não sei. Pense que comecei a escrever o livro três anos antes. Não sabíamos de nada, claro. Mas é incrível.

O personagem está o tempo todo voltando ao assunto de que, se tivessem diagnosticado antes o tumor, a mulher estaria viva. Você viveu isso depois?

Foi impressionante. Depois que aconteceu tudo, um dia pensei: será que no livro eu descrevi bem? Será que tornei isso crível? Os personagens te contam a história, te contam o romance, e esse personagem me contou o que era essa dor.

Quase como se você já tivesse vivido aquilo...

Como se eu já tivesse passado por aquilo, sim. E eu pensei: fiz bem? Fui capaz de dizer o que significa perder alguém? A verdade é que eu acho que fiz bem, digamos que 95% do que está ali foi bem-feito. Depois, claro, havia uma parte que eu não conhecia. É impressionante, de verdade, as coisas que contei sem saber como eram, e que depois aprendi. Eu me coloquei ali, na mente daquele homem.

Eu sei que você não tem rotina, não é daquelas pessoas que sentam para escrever sempre na mesma hora, que têm uma meta diária...

É verdade, mas aqui em Cascais tenho rotina. Levanto pela manhã acelerada e a primeira coisa que faço é passear com a minha cachorra, porque depois faz muito calor e não acordo tão cedo. Volto, tomo um café da manhã de rainha, faço exercício e nado para evitar os problemas nas costas. Quando termino tudo isso já são quase duas da tarde, então como alguma coisa leve e sento para trabalhar. Vou das três, quatro da tarde até as onze, meia-noite. Depois janto alguma coisa, vejo televisão ou um filme, leio algo e durmo.

O ato de escrever é algo de que você desfruta ou o prazer é ver o resultado final?

Às vezes é pesado, mas poder escrever é um luxo. Ultimamente tenho desfrutado.

Antes de sentar para escrever o livro você passa quase um ano fazendo anotações, "armando" o romance, organizando os capítulos, não é?

Fui refinando a maneira de trabalhar, mas foi mais ou menos sempre assim: primeiro tenho a ideia e faço anotações. Cada vez são anotações mais articuladas.

Inclusive com diálogos que estarão no livro?

Às vezes sim. Um pedaço do diálogo ou cenas…

O Javier Marías fala de escritores que trabalham com bússolas ou com mapas. Você viaja com mapas, não?

Escrevo com mapas… e com bússola também. Mas quando me ponho a escrever, às vezes acontece de o romance mudar completamente, então é uma mistura dessas duas possibilidades. Digamos que caminho com um mapa, mas é um mapa de uma terra incógnita, um mapa aproximativo, especulativo, no qual não sei se vai mesmo estar ali o lago que me disseram que estaria.

Quais são os assuntos essenciais nos seus livros?

Muitos, e seguramente alguns que nem eu mesma sei. O primeiro, e como é óbvio em romances dos séculos XX e XXI, o existencialismo. Os meus romances são especialmente existenciais. A memória como construção imaginária — a memória é um relato que fazemos a nós mesmos, não é algo que realmente exista objetivamente — é outro dos meus assuntos essenciais, está em todos os meus livros. A falta de confiabilidade na realidade, que é algo totalmente alternável, paradoxal e contraditória. Outro dos meus assuntos essenciais: o poder, em geral, com os seus guardiões de fanatismos e dogmatismos. Sempre me interessou muito como o poder tende a ser absoluto e eterno, e como abusa da necessidade que nós seres humanos temos de acreditar em algo. Isso está em muitos livros. E depois: o amor, a paixão, a carne. E a sobrevivência. Todos os protagonistas dos meus romances são sobreviventes. São romances sobre a escuridão com uma luz no fundo, sempre. À exceção de *Te tratarei como uma rainha*, todos os meus livros têm uma luz no fim do túnel. É uma marca da casa, digamos assim.

E há algo em comum entre os seus romances? Uma linha condutora?

Quando você escreve não se dá conta, porque é o inconsciente quem manda. No entanto, há menos de um ano descobri, para minha surpresa, que a grande maioria dos meus romances repete não o mesmo assunto, mas a estrutura. É assim: começa com um personagem, pode ser homem ou mulher, que está numa situação catastrófica. Marginalizado, não conhece a si mesmo, se detesta, está completamente sozinho, é muito misantropo ou misantropa, e sem relação alguma com as pessoas e com o mundo. Surge então um obstáculo, uma prova de iniciação que, quando vencida, irá levá-lo a uma vida melhor. Ou seja, no fim essa pessoa se aceita mais, se conhece melhor e chega a um certo acordo com a vida. Durante o caminho, nesse trajeto, ela vai criando uma "parafamília", e isso é fundamental para a sua salvação. Vai se construindo um grupo de personagens, que também são aparentemente heterodoxos, "monstruosos", mas que o texto se encarrega de demonstrar que são melhores e mais valiosos que os personagens de poder que aparecem. Isso está em todos os meus romances, faço isso sempre, e no final todos acabam por participar dessa família. Porque mais um dos assuntos que costumo tratar nos meus livros é a relação com o outro, a necessidade de outro para que a vida valha a pena e para que possa ser chamada de vida. Somos seres sociais e não podemos viver sem os outros. Não digo *para* o outro, que isso é algo patológico; acredito que temos que viver para nós mesmos, mas com os outros.

Esse é o sentido da vida para você?

Sim, os outros. Tentar viver com os outros e tentar fazer o bem aos outros. E também o conhecimento [dá sentido à vida]. O que nos faz humanos é o aprendizado das coisas, o conhecimento diante da morte, do nada. Como a história de Sócrates que conto em *El peso del corazón* [reza a lenda que o filósofo passou sua última noite de vida tentando aprender a tocar uma melodia. Quando lhe perguntaram para que fazia aquilo se no dia seguinte ia morrer, respondeu que fazia simplesmente para aprender].

E o sentido da literatura? Por que escrevemos e lemos histórias de ficção?

Pois eu escrevo e leio para tentar dar ao mal e à dor um sentido que na verdade sei que não existe. Escrevo para isso, para suportar a vida, para tentar dar-lhe um sentido. Acho que escrevemos para tentar dar respostas às perguntas que nos angustiam. Não escrevemos para tentar ensinar nada, mas para aprender, e por isso escrevemos sempre sobre os mesmos assuntos. Procuramos uma nova maneira de contar, que seja mais precisa, mais profunda, mais bela, mas no final acabamos dando voltas e voltas sobre o mesmo tema.

Você costuma se descrever como uma sobrevivente. Por quê? De quê?

De muitas coisas. De uma infância difícil, de uma família "disfuncional". E de mim mesma, das minhas crises de angústia na adolescência — poderia ter perdido a cabeça — e da falta de expectativa que tinha ao meu redor. Enfim, de tudo.

E também costuma definir-se como uma pessoa que escreve.

É a minha maneira de viver, é uma articulação básica da minha personalidade. Escrevo desde que me entendo por gente, aos cinco anos escrevia. É o que sou: um ser que escreve. Da mesma maneira que sou uma mulher, forma parte da definição essencial do que sou.

Acha que seria menos feliz se não fosse escritora?

Não posso me imaginar sem escrever.

E se fosse uma escritora frustrada, que não fosse lida por ninguém, que tivesse que pagar para publicar?

Não sei se escreveria, não sei se conseguiria escrever sem ter leitores, porque escrevemos para compartilhar. Talvez pudesse escrever para cem leitores, autopublicar os meus livros e dar aos amigos. Não sei... É fundamental ter leitores.

Nesse aspecto se sente afortunada?

Superafortunada. A escritora Clara Obligado faz, num livro, um cálculo que é muito simples, mas que eu nunca tinha feito: se uma pessoa lê um livro por semana, entre os oito e os oitenta anos terá lido 3 mil livros. A maioria das pessoas não lê tanto. Então, alguém escolher um livro meu entre esses poucos que lerá na vida, é como ganhar na loteria. É fantástico, maravilhoso.

Javier Cercas e as velhas verdades da alma

Flaçà, verão de 2015

"Os filhos ensinam coisas que você não pode saber de outra maneira. Kafka, que não teve descendentes, dizia que ter um filho era a coisa mais importante que poderia acontecer a um ser humano. Provavelmente é verdade", diz Javier Cercas enquanto dirige o seu moderno carro por uma modesta estrada espanhola. "O que eu tenho certeza é que seria muito mais idiota do que sou se não tivesse tido um filho. Não tenho a menor dúvida disso", acrescenta.

É o final de uma conversa que se prolongou por toda a tarde em sua casa na pequena vila de Flaçà, a quinze quilômetros de Girona, na Catalunha, onde agora nos despedimos. Recebo um livro com dedicatória e algumas instruções sobre a cidade onde passarei a noite. Há cinquenta anos, era ele quem desembarcava aqui com a família em busca de melhores dias. A mudança, quando Javier era ainda uma criança, foi fundamental para que se tornasse um escritor, costuma dizer. "Foi um fato totalmente decisivo na minha vida."

A decência e a dignidade moral são talvez os grandes assuntos da literatura deste escritor espanhol nascido em 1962 num lugar chamado Ibahernando, na província de Cáceres, em Extremadura, uma das comunidades mais pobres da Espanha. Autor de romances, ensaios, contos, artigos e crônicas, é atualmente um dos escritores espanhóis vivos mais lidos no mundo. Durante anos trabalhou como professor universitário até que, em 2001, com o sucesso do seu romance *Soldados de Salamina* — que vendeu milhões de exemplares e foi traduzido em diversos países —, deixou as salas de aula para se dedicar exclusivamente à literatura. "Tenho casa e um escritório em Barcelona, mas cada vez passo mais tempo aqui em Flaçà, que é o lugar onde mais gosto de estar, sempre que as viagens permitem." Numa entrevista disse que estar naquela casa durante nove meses, escrevendo todos os dias e vendo filmes de noite, era o mais parecido à felicidade que já havia encontrado. Relembro-lhe essas palavras e ele ri: "Estou completamente de acordo comigo".

Você saiu de Extremadura muito pequeno, tem alguma lembrança daquele lugar?

Muitas, tenho muitas lembranças, as primeiras. Podem ser inventadas, porque fui embora aos quatro anos, mas voltei muitas vezes, voltava todas as férias de verão — aquelas férias longas da infância. E ainda tenho uma casa lá.

Que importância teve essa mudança? Que escritor seria se não tivesse se mudado?

Eu não seria escritor, já disse isso muitas vezes. Eu pertencia a uma família que era dos ricos da aldeia, uma família muito vinculada à terra, com uma casa cheia de criados e de familiares: avós, tios e primos. E de repente sou tirado dali para me levarem a um lugar onde não conhecia ninguém. Se tivesse ficado teria sido veterinário como o meu pai, por exemplo. O que sei é que essa mudança foi um fato totalmente decisivo na minha vida. Sempre cito a frase de Cesare Pavese que diz que a literatura é uma defesa contra as ofensas da vida. E penso que é assim. Foi uma sensação de orfandade, de que não estava em meu lugar, uma sensação de desajuste, de desarraigamento, e isso eu nunca perdi. Essa sensação me pertence, eu sou assim, sou uma pessoa sem raízes. Isso é um fato fundamental para mim e que fez com que me agarrasse à literatura, tenho certeza disso.

A literatura foi um refúgio?

Claro, foi uma defesa. Por exemplo, a minha família era católica e eu até os catorze ou quinze anos também era católico, mas de repente abandonei a religião. Lembro que li um livro de [Miguel de] Unamuno, *San Manuel Bueno, mártir*, e aí ferrou tudo. Perdi a fé, deixei o esporte, comecei a fumar e a beber.

E a literatura que você faz também é para quem não está contente com a realidade, que não está satisfeito com a vida?

Não sei, o que sei é que o escritor não está contente com a realidade, senão não escreve. A literatura é uma forma de corrigir a realidade, a literatura compensa algo, completa algum tipo de carência. Isso me parece evidente, embora ache que isso não acontece só ao escritor. Não há ninguém plenamente satisfeito e acho que lemos justamente para obter, com a literatura, coisas que não podemos conseguir fora dela. A literatura é, digamos assim, um intensificador da vida.

Você costuma usar uma metáfora da literatura como simulador de voo ou da vida, que se encaixa perfeitamente aqui: a possibilidade de ensaiar outras experiências.

Isso de certa forma é evidente, graças à literatura — à ficção, em geral — experimentamos coisas que nas nossas vidas não poderíamos experimentar.

Ou não deveríamos. Matar alguém, por exemplo.

Por exemplo... Melhor não matar ninguém e ler *Macbeth* ou *Crime e castigo.* Isso do simulador me ocorreu há pouco tempo e foi porque um dia estava andando pela rua em Barcelona e encontrei um amigo escritor. Não tenho muitos amigos escritores, mas esse é amigo de muitos anos. Eram oito da manhã, eu ia trabalhar e ele me contou que tinha acabado de se separar. Ficamos conversando até as onze. Então me dei conta de que, nos relatos que escreve, esse amigo sempre previu a possibilidade da separação, dos problemas que acarretaria etc. E eu disse: "Você é a pessoa mais preparada do mundo para passar por isso, porque já viveu isso". É como um simulador de voo, a literatura permite viver experiências e, portanto, estar mais forte para enfrentá-las.

Quando tiver que aterrissar numa pista difícil, com muita chuva ou outra adversidade, possivelmente já terá alguma ideia de como fazer. Mais ou menos isso?

Exatamente. A literatura te torna mais forte nesse sentido, te prepara. Isso é um efeito secundário, mas real. Alguém que viveu separações através da literatura está, sem dúvida, mais capacitado para enfrentá-las do que quem não as viveu. Isso me parece absolutamente evidente. Alguém que entenda as complexidades, que viveu tragédias através dos livros, não poderá evitar a dor, mas vai enfrentá-la melhor.

Então a literatura tem uma utilidade.

É uma estupidez pensar que a literatura só serve para entreter. A má literatura sim, mas obviamente ler *Crime e castigo* te faz mais inteligente, te prepara para muitas coisas. Obviamente é útil. Em breve publico um livro com as conferências que dei em Oxford em que explico o seguinte: eu queria ser um escritor pós-moderno, entendendo a pós-modernidade como algo que começa na segunda parte de *Dom Quixote*, que tem a sua origem remota lá e a mais recente em Borges… Meus heróis eram Borges, Calvino, Kafka — e continuam sendo. Mas o pior da pós-modernidade foi criar essa ideia de que a literatura é uma coisa divertida, transcendente, que serve para passar o tempo, que é um jogo. Essa é a pior versão da pós-modernidade. Porque a literatura não é isso, a literatura é um jogo, mas é um jogo em que se joga tudo. Serve para mudar o mundo ou não serve para nada. Sei que soa antiquado, mas é a pura verdade. Ou seja, eu não posso com um romance parar a crise migratória que há na Europa ou resolver conflitos, é absurdo pensar assim, não é essa a maneira de mudar o mundo da literatura. Os textos mudam o mundo mudando a percepção do mundo do leitor. Ou seja, revolucionando-o por dentro, modificando-o, mostrando-lhe a realidade como é, desmascarando-a, mudando completamente a nossa visão das coisas. É o que dizia Kafka numa carta que sempre cito: "Um bom livro tem que ser como um golpe no crânio, como um machado que rompe o mar de gelo que temos dentro de nós". E isso é o que fazem e sempre fizeram os livros. Isso é para mim a grande literatura ou, se quisermos, a "literatura comprometida", no sentido diferente do de Sartre. Dizer que a literatura não serve para nada é completamente estúpido. Os maus livros não servem para nada, mas os bons servem para tudo.

Qualquer leitor é capaz de dizer pelo menos um par de livros que mudaram a sua vida.

E se não te dizem é porque não sabem ler. Não sou contra a literatura como entretenimento, claro que também é entretenimento, mas é muito mais. Obviamente não sou contra o humor e a ironia. Sou contra a literatura como puro entretenimento, exclusivamente entretenimento. O *Quixote* é um livro divertidíssimo, mas contém muito mais do que isso.

Você diz que os melhores livros são os que geram mais perguntas...

Se responde tudo, não é literatura, claro que não é. Tem que fazer justamente o contrário: semear dúvidas, formular perguntas, apresentar paradoxos que não têm solução.

É isso que você chama de ponto cego do livro, não? O que não fica claro, que não se resolve...

Exato. Não simplifica a sua vida, complica. Não diz: a realidade é assim. Diz: a realidade é ainda muito mais complicada do que você imagina. Se te dá todas as respostas, não é literatura. Não sei o que é, mas literatura não é.

Você foi morar nos Estados Unidos bastante jovem, praticamente recém-formado, para dar aulas. Nessa época ainda não tinha publicado nenhum livro?

Não, mas já tinha escrito meu primeiro livro e foi publicado justamente quando eu estava lá. A primeira edição desse livro, que é de contos, é de 1987. Mas quando foi reeditado, em 2001, tirei quatro contos e deixei um só, que é uma novela. Por que tirei os outros contos? Não tirei porque fossem maus — ainda que alguns fossem. Tirei por algo muito simples: porque eram derivativos. Ou seja, a aprendizagem do escritor consiste em assimilar os modelos, em fazê-los próprios, devorá-los. Gosto muito de uma frase do Pasolini que diz: *i maestri si mangiano in salsa piccante.* Devemos comer os mestres com molho picante. Acho que não basta matar os pais, é preciso matá-los, abri-los e comer-lhes as tripas, e acender uma fogueira e colocá-los para assar, e depois comê-los. A literatura é a arte do canibalismo. Depois, claro, é preciso agradecê-los, mas temos que fazer isso.

Que não é o mesmo que tentar copiar.

É exatamente o contrário disso. Há uma frase de Picasso que diz que a originalidade não consiste em não se parecer a ninguém, mas em se parecer a todos, porque antes eles foram devorados. Isso é o que fazem os gênios: devorar a todos, como Picasso, como Cervantes fizeram, para converter aquilo em outra coisa. O problema desses contos é que eu não tinha assimilado, não tinha ainda devorado os meus mestres. Por isso nesses contos se percebe muito a influência de outros.

De quem?

Por exemplo, de Borges, Calvino, Cortázar, H. G. Wells, muita gente. E você os via ali. Mas "El móvil" é um conto em que eu já sou eu, nele já sou eu quem está ali.

Penso que nesse conto já está algo que vai aparecer em todos os seus romances posteriores...

Acho que às vezes no primeiro livro que você escreve está o germe de tudo o que fará, como se o resto dos livros fossem o desenvolvimento daquele primeiro. No "El móvil" realmente encontram-se muitas coisas que depois trabalhei de outras maneiras, inclusive está a História, com maiúscula, que é algo que nos meus livros vai aparecer tarde, só a partir de *Soldados de Salamina*.

No começo você pensava em conciliar a literatura com a academia?

Claro. Só o fato de ser escritor, publicar um livro, me parecia uma coisa extraordinária. Mas ganhar a vida como escritor era uma coisa impossível, aos vinte anos nem podia imaginar isso. E nem aos 33. O que eu aspirava aos 33 anos era escrever bons livros. Era vocação, uma palavra que perdeu sentido, que parece antiquada, mas eu queria aquilo. Por quê? Não sei. Como outras pessoas querem voar, o que eu queria era escrever, nada mais. E teria feito de qualquer maneira. Fui à universidade porque pensei que era um bom trabalho para poder escrever, porque deixava tempo livre, e por isso fui professor universitário. Nunca fui um professor universitário que de vez em quando publicava romances, eu era um romancista que ganhava a vida na universidade.

A academia tem métodos, necessidade de classificar, etiquetar, e os seus livros, ao contrário, são tudo ao mesmo tempo: ensaio, romance, reportagem, autoficção, crônica...

Claro, mas não devemos desprezar tanto a academia. Ainda assim, é verdade, o que escrevo não entra nesses códigos. Posso escrever um artigo jornalístico e colocar tudo: filologia, história, filosofia... Mas se não tivesse aprendido primeiro os códigos, não poderia fazer isso, porque para romper é preciso conhecer os códigos. Justamente o que não se pode fazer é o que a literatura tem que fazer. A literatura é sempre "antiliteratura". Shakespeare não era literatura, era entretenimento para as massas. Cervantes não era um escritor prodigioso, ninguém o elogiava. Cervantes nunca teria ganhado o prêmio Cervantes, como dizia Valverde. Sempre foi assim: a verdadeira literatura não parece literatura, parece verdade. Quando me dizem que o que eu faço é jornalismo, digo "te agradeço muito". Ou seja, não parece literatura. O que a literatura faz é ir contra os cânones literários da sua época, mas para ir contra esse cânone me foi muito útil conhecer os métodos, o funcionamento da academia. E atenção, não é só a academia que estabelece o cânone.

Quando começa a escrever um livro você já sabe como vai construí-lo, já tem pensada a engenharia necessária para contar aquela história?

Cada livro é distinto, não tenho um sistema para escrever e também não quero ter. De fato, para mim é fundamental não ter. Escrever um livro é como criar um jogo, e cada jogo tem que ter regras distintas. Dito de outra maneira, cada livro formula uma pergunta da maneira mais complexa possível, sem chegar a respondê-la, sem dar a solução. A pergunta de cada livro é diferente e, por isso, a maneira de formulá-la tem que ser diferente. As regras são outras, se há dois livros com as mesmas regras significa que um deles é ruim.

Talvez não se perceba na primeira leitura, mas quando analisamos com atenção percebemos que há uma estrutura muito complexa por trás de cada livro seu.

Isso é sem dúvida o mais importante de tudo para mim. Há uma frase que sempre cito e não sei de quem é, e que se você procurar no Google deve aparecer que o autor sou eu, mas não deve ser. Diz: *vera art vera artem*. Se for minha eu comemoro, porque é assim mesmo que funciona, a arte verdadeira oculta o artifício. Ou seja, o trabalho do escritor consiste em trabalhar muito para que não se perceba o tanto que ele trabalhou. Eu entendo a literatura dessa forma, tem que ser transparente, porque a complexidade ficará por baixo. Milan Kundera disse uma coisa que eu gosto muito: "Devemos escrever livros fáceis de ler e difíceis de entender". Ou seja, que possa ser lido como um thriller. Esse é o meu trabalho, que o leitor não perceba tudo o que me custou de trabalho escrever aquilo e diga: isso é muito fácil de fazer.

Uma das suas marcas registradas é que costuma mostrar aos leitores como construiu a história, de maneira que quem lê os seus livros é testemunha e também cúmplice.

Mas é para isso que serve a literatura, não é? Para meter o leitor ali dentro. Quero que o leitor se pergunte se tem algo do protagonista, mergulhe naquilo. A literatura tenta cartografar em que consistem os seres humanos, em que consiste ser homem ou mulher, e para nos mostrar isso apresenta versões hiperbólicas, exageradas do que somos, para que seja visível. Por exemplo, *Macbeth* é uma hipérbole monstruosa da ambição. *Hamlet*, da autoconsciência — e mostra até onde pode chegar a autoconsciência, ao assassinato. *Romeu e Julieta* é uma hipérbole do amor romântico. Nesse sentido, Enric Marco [personagem de *O impostor*] é uma hipérbole monstruosa da impostura. E do mesmo modo que todos temos um pouquinho de *Macbeth*, e por isso essa história continua a nos fascinar, e um pouquinho de *Hamlet* e de *Romeu e Julieta*, todos temos um pouco de Enric Marco, não nos enganemos.

Todos nós queríamos ter outra vida...

Claro, todos queríamos poder ter outra vida, o que acontece é que Marco leva esse desejo à realidade. Faz como Dom Quixote e vive seus sonhos. Então o que quero é que o leitor se meta ali dentro e veja que ele também tem algo disso, o que pode ser muito desagradável. Em todo caso, voltamos à utilidade da literatura: é bom saber que temos algo de *Macbeth*, de *Hamlet*, de *Romeu e Julieta* e de Marco, porque é a única forma de evitar que as coisas aconteçam. A literatura não tem que ensinar nada, mas podemos aprender muito com ela.

Você já disse que procura que cada livro seu seja diferente, que tenha uma estrutura própria, no entanto, há marcas que se repetem nos seus livros.

Claro, eu tento que cada livro seja diferente, que tenha regras diferentes, que sejam contados de maneiras diversas, mas sei que tenho uma determinada maneira de ver o mundo. Tenho obsessão por algumas coisas (e você também, com certeza). Antes eu não era consciente, agora já sei... Por isso digo algumas vezes que não é o escritor quem escolhe os temas, mas são os temas que escolhem os escritores. Pode parecer uma fantasia, uma coisa misteriosa, mas isso é elementar. Tenho uma determinada experiência que faz com que, de maneira inconsciente, eu veja algo importante em certas coisas que me levam a escrever certos livros. Expliquei isso um dia em Porto Rico e quando acabou a sessão veio um senhor e me disse: “Sabia que o que acaba de dizer é exatamente o que nós neurologistas estamos estudando hoje em dia? Ou seja, não somos livres para escolher tudo, as coisas nos escolhem. Temos uma determinada disposição mental que nos inclina a certos assuntos, a certas obsessões, que nos leva a reparar em certas coisas e não em outras”. Acredito piamente nisso. Sei que tenho um modo de ver o mundo e, portanto, todos os meus livros se parecem nesse sentido: há um estilo, uma maneira de escrever, há uma voz, que é a minha e não a de outro.

Acho que há uma série de problemáticas que sempre estão nos seus livros e que têm a ver com a dignidade, a ética, não sei qual é a palavra mais adequada.

Sim, são perguntas essencialmente éticas ou morais, que para mim equivalem quase à mesma coisa. Diria que a pergunta-chave é: em que consiste a decência? Como exatamente se faz isso? É um tema fundamental.

Por quê?

Não sei, sinceramente não sei. Talvez se soubesse não escreveria sobre isso. Mas suponho que é algo que me preocupa. Em que consiste a decência? Que relação tem a decência pessoal com a coletiva? Em que consiste a virtude?

Parece que são assuntos meio fora de moda, não?

São o que Faulkner chamava de “as velhas verdades da alma”. Eu acho que é preciso falar dos assuntos de sempre. A virtude… por que uma coisa é melhor do que a outra? Por que escolher algo e não o contrário? Nisso sou totalmente kantiano: a virtude ou é secreta ou não é virtude. O Marco fez da virtude um espetáculo e isso significa que de virtuoso ele não tinha nada, era um canalha. Por outro lado, o único herói que eu criei, autêntico, puro, que é

Miralles, o verdadeiro protagonista de *Soldados de Salamina*, é alguém que ninguém sabe que fez uma coisa correta, com valor. Ninguém sabe disso.

E ele também não reivindica.

Claro, não reivindica. E Marco estava todo o tempo reivindicando, é um falso herói. Miralles é um herói autêntico, escondido, ninguém sabe nada dele.

Então você acredita na existência de heróis.

Obviamente. Seria como não acreditar que existe o bem e o mal. Claro que existe o bem e claro que existe o mal, por mais antiquado que pareça. Existem os vilões e os heróis, ainda que estes últimos sejam poucos, pouquíssimos. E existe a decência e a indecência. Depois tudo é muito mais complexo, infinitamente mais complexo que isso, claro.

Você costuma dizer que os seus livros são "sobre homens que dizem não". E tem uma frase do Borges, que você sempre cita, que diz que há sempre um momento na vida em que descobrimos quem somos. Essas coisas acontecem na vida de pessoas comuns como nós ou só na daqueles que fazem a história?

Acho que sim, porque de fato Miralles não faz a história. Me dizem isso muitas vezes: "Você fala das grandes histórias". Não é verdade, eu vinculo o micro e o macro, as pequenas histórias com as grandes, porque as pequenas fizeram parte das grandes. O que faço é concentrar-me em coisas pequenas para ver a dimensão que elas têm, como olhar através de uma lupa. E acho que com as pessoas, ou algumas pessoas, acontece algo parecido. Sei que comigo aconteceu, há um momento em que você tem que dizer sim ou não, e esse momento é importante. Todos sabemos que momento na vida é esse, porque não há mais do que um.

Li você dizer que até certo momento da vida a história, o passado, não lhe interessavam muito. O que foi que mudou? A idade?

Acho que tem a ver com a idade, sim. Como escritor, a Guerra Civil me parecia uma coisa chata, envelhecida. Não achava que poderia escrever um bom romance sobre isso, que tudo já estava dito. Tinha uma relação distante e displicente: "Ah, outro romance sobre a Guerra Civil", "Ah não, outro filme sobre a Guerra Civil". Todos me pareciam ruins e muitos não eram. Por outro lado, há algo muito importante: do que trata *Soldados de Salamina*? De um homem da minha idade, naquele momento, 38 anos, a quem a guerra não interessava. Parecia algo alheio e tão remoto como a batalha de Salamina. Mas, à medida que ele pesquisa um episódio esquecido e obscuro, percebe que não é assim, que o passado é uma parte do presente, que sem o passado o presente não se entende. Então, a partir desse momento, meus romances se abrem a uma dimensão distinta. Não digo que antes fossem ruins, de fato alguns dizem que são meus melhores livros, mas a partir desse momento a história e a política começam a aparecer nas minhas histórias, porque descubro que o passado nunca passa, que nem mesmo é passado, como diz Faulkner.

E que quem domina o passado...

Domina o presente, efetivamente. O coletivo é uma dimensão do individual, sem entender os outros não é possível entender a si mesmo. Aí nasce uma veia política, digamos assim, nos meus livros, um interesse novo pela história e por esses assuntos que antes não apareciam. E isso tem a ver com a idade? Acho que sim. Tem a ver com a idade porque aos vinte anos você não tem passado, mas aos quarenta já tem, já começa a ter. Detesto quando dizem que meus livros são romances históricos. Não são, são romances em que o presente dialoga com o passado, mas em que sempre se fala do presente, nunca do passado por ele mesmo — só na medida em que ele forma parte do atual. Meus livros, nesse sentido, vão contra isso que chamei num artigo de "a ditadura do presente". Acho que isso é fruto do domínio total que os meios de comunicação têm da realidade: não procuram refleti-la mas sim fabricá-la, de modo que o que não ocorre para eles é como se não tivesse acontecido na realidade. Além disso, para os meios o que aconteceu ontem já é passado, e o que aconteceu há uma semana é pré-história. Vivemos com essa ideia totalmente falsa de que o presente se explica só pelo presente e de que o passado está nos arquivos, nas bibliotecas, que só interessa a alguns doidos como o tal Javier Cercas. Sem o passado o presente não se entende, é simplesmente isso. Não são coisas distintas. E não se entende nada, nem a história, nem a política, nem a vida pessoal. Nada. Então os meus livros, não conscientemente, mas de maneira natural, se convertem também num ataque contra essa ditadura do presente, é uma rebelião contra ela. Tem a ver com a idade? Sem dúvida tem a ver com o fato de que eu fiquei mais velho e tenho um filho. Esse é outro dos temas fundamentais, que se repete em todos os meus livros a partir de *Soldados*: a continuidade, a relação pais e filhos.

No prólogo de *A velocidade da luz* você diz que talvez sejamos felizes mas não sabemos. Pode explicar melhor isso?

Bom, talvez a felicidade consista em estar vivo. "Os deuses ocultaram o que faz os homens viverem", diz Hesíodo na epígrafe de *Soldados de Salamina*. Acho que o que os deuses ocultaram é a alegria. Ou seja, a alegria é adesão sem resquícios ao real. Esse é o grande segredo: ainda que isso seja horrível, ainda que em alguns momentos o mundo seja uma porcaria, ainda que às vezes nos sintamos muito mal, estamos vivos. A felicidade consiste em estar vivo, não consiste em outra coisa. O que acontece é que nós não percebemos isso. Estamos demasiado angustiados, preocupados com coisas estúpidas, para sermos conscientes de que o fato de estarmos vivos é um milagre extraordinário. Foi necessária uma quantidade incrível de milhões de acasos para que eu e você estejamos aqui agora, é um milagre. Em primeiro lugar, para que exista a vida humana, e depois para que estejamos aqui.

E quando você percebeu isso, que não é uma resignação simples com a vida?

Não sei quando… Não é resignação, não quero dizer que não devemos melhorar a vida. Significa que a vida é um presente incrível, assombroso, e que deveríamos agradecer todos os dias pelo simples fato de vivê-la.

Algumas religiões oferecem esse lugar de paz com a sentença: é assim porque Deus quis. E ponto-final…

A religião é uma mentira feita para conjurar o medo. Como eu disse, perdi a fé e para mim a literatura fui um substituto da religião. Não acho que seja nem melhor nem pior, mas para mim a diferença é que a literatura é uma mentira que liberta, enquanto a religião é uma mentira que muitas vezes escraviza. Ou seja, a literatura é uma mentira consentida: aceito que me enganem. Enquanto na religião não é uma mentira consentida porque enganam com algo que não é verdade e em que as pessoas acreditam. Como por exemplo, se você lança um avião contra as Torres Gêmeas irá para o Céu com não sei quantas mulheres. Isso é falso, é mentira, e esses homens não sabiam que era mentira.

E a religião, ou a grande maioria das religiões, promete recompensa depois da morte, enquanto a literatura nos dá a compensação no presente.

Esta é a grande falsidade: sofra, não seja feliz, não importa, porque em outro lugar você será. Por isso a minha frase é totalmente ateia: a felicidade consiste em estar vivo, não em estar morto. Não há vida sexual no túmulo, como disse Auden. Não há mulheres nem nada depois, acabou-se. A religião ilude com isso e nesse sentido é uma fraude. Quem viu isso perfeitamente foi Nietzsche. A religião promete coisas que não te dá, enquanto a literatura promete e dá, e com bônus.

Você se preocupa em saber como vai ser lembrado no futuro? Quais livros ficarão, o que se falará do escritor Javier Cercas?

Sinceramente, nunca penso nisso. Se algum dos meus livros ainda sobreviver daqui a muitos anos será fantástico, mas realmente não penso nisso. Bom, isso sim, gostaria, é claro, de ser lembrado como uma pessoa decente. Isso sim seria muito bom.

Dulce Maria Cardoso: A importância de lembrar e de esquecer

Lisboa, inverno de 2015/verão de 2016

Daquela tarde de dezembro recordo com bastante nitidez a árvore de Natal muito grande a ocupar boa parte da sala da casa de Dulce Maria Cardoso. E lembro-me dela sentada numa cadeira, um pouco encolhida por conta do frio, que nem era tanto, embora tivesse bastante roupa e as pernas sob um cobertor (o frio que diz nunca ter parado de sentir desde que deixou Angola quando criança para morar em Portugal). Lembro-me também da metáfora que usou para falar da memória excessivamente boa que tem. "É como visitar cemitérios", disse. "Estou sempre a sobrepor coisas que aconteceram há dez, vinte, trinta anos, e evidentemente são mortos, são pessoas que já deixaste de ver, que já não se dão contigo, e tu sabes exatamente o que elas fizeram, o que disseram, o que aquela pessoa contou e o que comeu naquele dia. Para quê?"

Foi uma pena, mas o gravador capturou apenas os primeiros quinze minutos daquela entrevista. Depois, inexplicavelmente, preencheu o restante com um ruído constante e desagradável. Não havia como recuperar e tive que lhe escrever para pedir uma nova chance. “Não há problema nenhum. Fazemos outra vez e ainda vai ficar melhor”, foi a sua resposta.

Nascida em Trás-os-Montes, em 1964, Dulce Maria Cardoso passou a infância em Luanda, para onde a família se mudou quando ela tinha apenas seis meses. A vida em Angola, e principalmente a traumática partida durante a guerra pela independência do país, em 1975, serviram de fonte para a construção do romance *O retorno*. Publicado em 2011, o livro foi um grande sucesso em Portugal — já se contam às dezenas as reedições e também os países onde foi lançado. Embora tivesse sido galardoada com os três romances anteriores (*Campo de sangue*, *Os meus sentimentos* e *O chão dos pardais*), até então era uma escritora pouco conhecida. Em 2018, sete anos depois do livro que colocou seu nome em evidência, publicou a primeira parte de um novo romance chamado *Eliete*. Escreve a conta-gotas, queima muitos manuscritos e diz que não sentiria pena se já não publicasse mais nenhum livro. “O centro da minha vida são os meus afetos, isso é que me faria parar de viver.”

Há um conto seu em que diz ter “um vício de deformar a realidade”. Quando percebeu isso?

Muito cedo. Muito cedo por causa das circunstâncias. Cresci em Angola, num pequeno bairro onde só viviam portugueses, portanto pessoas que estavam recentemente ali. Havia um modelo típico: os maridos trabalhavam e as mulheres ficavam em casa com os filhos. Por azar calhei ser a mais nova do bairro. Os miúdos iam todos para a escola e eu ficava entregue às mulheres que estavam ou a tratar das casas ou a fazer bordados e crochês, coisas que não me interessavam. Então comecei a criar mundos paralelos para me entreter.

Isso foi mais ou menos com que idade? Quatro, cinco anos?

Sim, sim. Até ir para a escola. Por exemplo, uma das coisas que me lembro foi de ter inventado que tinha ido à Lua. Eu era muito pequena. E lembro-me dos outros miúdos dizerem que eu era uma mentirosa, porque o meu deformar da realidade nunca era mentiras daquelas "o meu pai é da polícia" ou tenho isto e aquilo. Eram coisas muito grandiosas, impossíveis. Que ia para o Brasil estudar. Que tinha visitado a metrópole no fim de semana. Coisas que, à partida, eram facilmente desmontáveis. Mas não me importava, gostava era da possibilidade de criar, porque me entediava muito.

Teve uma infância feliz?

Tive e não tive. Tive uma infância feliz naquele sentido em que, além de a infância ser um tempo fantasioso, era muito alegre e brincava muito. Era muito ginasticada, subia mais depressa a uma árvore que qualquer rapaz. Era muito alegre, onde eu estivesse não havia tristeza. Aprendi a ler sozinha. Queria aprender tudo. Era curiosa, era sôfrega de conhecimento. Era exaustiva, terrível aos olhos dos adultos que queriam estar sossegados. Lembro-me de às vezes dizerem: para, para, onde é que ela desliga. Luanda era o lugar ideal para se crescer. O espaço, as cores, os cheiros, a esperança. Havia muita esperança naquele tempo. Mas também houve manchas negras na minha infância. A minha família era, de alguma maneira, uma família disfuncional. Houve problemas entre o meu pai e a minha mãe que tornaram a infância mais triste. E outros problemas. Não foi daquelas infâncias idílicas. Mas se calhar nenhuma infância é, só as recordações da infância é que são. Flannery O'Connor diz que quem sobrevive à infância tem matéria para o resto da vida. E eu concordo.

Até que veio a guerra... Há uma coisa que você conta, e que me impressiona muito, que é essa percepção de que vai embora

para não voltar, e que por isso quer guardar as coisas na memória. Deu tempo de pensar em tudo isso?

Sim, porque foi uma mudança muito grande. De repente estávamos numa guerra civil, e a guerra é muito notória mesmo para quem não quer ver. Meus pais não eram muito de conversar, nem a família era de conversar, mas as lojas fechavam, as escolas fechavam, não havia pão. E os vizinhos iam todos embora. Claro que mesmo uma criança percebe que não há possibilidade de retorno. E o meu pai também deve de ter percebido, mas não podia perder a esperança. Dizíamos: a escola fechou. E ele dizia: não tem problema, vai abrir outra vez.

E você diz que, como não conhecia o verbo "memorizar", pensou que tinha que "decorar" os lugares antes de partir. Será que vem daí a sua boa memória?

Sempre a tive. O primeiro dinheiro que ganhei na vida foi através da memória. A minha irmã, que é mais velha, percebendo que eu tinha memória fotográfica — ainda que não soubesse o que era isso —, começou a fazer apostas com as amigas. Dizia: a minha irmã é capaz de ler uma página inteira e dizer o que está escrito. E as amigas achavam que não, que era impossível. Davam-me uma folha de um livro delas, eu lia e reproduzia. Durante muito tempo essa memória serviu, por exemplo, para eu nunca estudar. Era simples na véspera olhar para uma folha e decorar, e também sabia quase as aulas de cor. Mas depois tive um acidente grande, com as anestesias e aquelas coisas todas, e a memória já não é como era. Ainda bem.

Ter uma memória tão boa e recordar tantos detalhes pode ser ruim, não?

Nesse ponto é. Acho bom ter memória, evidentemente, mas ter muito boa memória não acho nada bom. A memória muito boa pode ser uma maldição. O excesso de memória, o recordar demais pode ser terrível. O esquecimento existe porque temos que continuar, e porque há coisas que nos são mesmo insuportáveis. Aliás, os corpos estão preparados para isto, quando a dor é muito grande desmaiamos que é para não termos depois essa memória.

Escrever *O retorno* foi, de alguma forma, voltar? Foi uma espécie de visita?

Sim, mas foi uma coisa engraçada, porque acho que desordenei mais a minha memória. Escrever esse livro desarrumou-me a memória.

Como se tivesse embaralhado a sua história de infância com a do Rui, personagem do livro?

Sim, exatamente. O passado ficou outra coisa. Pode-se mexer no passado através da ficção. Escrevi um texto sobre isso para uma revista.

Isso de, sendo uma criança, pensar "preciso decorar" já não foi uma decisão de alguém que quer ser escritora? Queria reter para depois contar?

No princípio, acho que não queria era esquecer. Queria guardar aquilo sempre comigo. Sabia que nunca mais voltaria, ou pelo menos que não tão cedo, e sabia que aquilo que estava a ver nunca mais veria. Mais tarde, quando cá cheguei, é que foi mais nesse sentido: vou contar esta história.

E depois, aos catorze anos, convenceu os seus pais a matriculá-la num curso de datilografia, cheio de senhoras secretárias, porque achava que era o caminho para virar escritora…

[Risos.] Foi aquela coisa: quero ser escritora. Qual é o curso para ser escritora? Perguntava para qualquer adulto que achava que tivesse conhecimento e todos me respondiam mais ou menos o mesmo: que não havia curso. O que durante muitos anos me angustiou profundamente. Médico tinha curso, advogado tinha curso, como é que escritor não tinha? Então um dia vi num filme um escritor a datilografar e achei: é isso.

E também conta que o passo seguinte para se tornar escritora foi ir à biblioteca e pegar os livros mais pesados e com mais páginas para poupar idas e vindas.

De alguma maneira, isso foi um processo tão ingênuo da minha parte que me fez chegar à escrita de uma maneira também ingênua. Como toda a gente que cresce sem ter quem aconselhe os livros que deve ler, [no meu caso] acabou por ser por tentativa e erro. Mas ao leres indiferentemente tudo, podes sentir o milagre de te entusiasmares mais pelo Dostoiévski do que pela Corín Tellado, que eu julgava ser a melhor autora do mundo.

E na sua família ninguém lia? Não havia livros em casa?

Não liam e continuam a não ler. E não tinha livros em casa, menos ainda de ficção.

Quando foi estudar direito imaginava uma carreira, pensava que seria uma advogada que escreveria livros?

Sempre achei que iria ser escritora, mas tinha que tirar um curso, até porque fazia parte de uma vontade dos meus pais que eu respeitava. Eles não puderam estudar e tiveram um grande desgosto por isso. Deram-me a oportunidade e sentia que lhes devia isso. E também era uma maneira de ser mais independente, se tivesse uma licenciatura tornar-me-ia mais capaz no mercado de emprego, estaria em vantagem. E como nunca me custou estudar…

E chegou a trabalhar como advogada?

Durante um tempo exerci, até perceber que não conseguia fazer as duas coisas. Há quem consiga e faça bem. Eu não consigo.

Quando saiu *Campo de sangue* (2002) você já tinha desistido da profissão?

Já tinha entregue a cédula e tudo. Desisti antes de saber sequer se ia publicar uma linha, mas tinha de tentar porque não queria ficar toda a vida com o arrependimento de não ter tentado.

Não aconteceu com você aquilo que é frequente com um(a) autor(a), que é ter um romance de iniciação. Já começou com um livro sólido e premiado.

O prêmio foi o que me permitiu publicar. Recebi uma bolsa de criação literária, que era uma iniciativa louvável que existiu durante três anos em Portugal. E depois concorri ao prêmio de um programa cultural televisivo. Era um valor bastante alto, já não me recordo quanto, mas era um bom prêmio. Eu tinha mais uma vez um romance pronto e concorri. O que teria acontecido se não tivesse sido publicado? Possivelmente o que aconteceu aos anteriores. [Dulce tem alguns romances finalizados que não pretende publicar.] Pensei: mas por que não, tenho isto e vamos lá ver. Na altura precisava de dinheiro e o prêmio era dinheiro e tinha associada a publicação, por isso nunca procurei nenhum editor nem nada, aconteceu assim.

Quando lhe contei que tinha perdido a entrevista que fizemos, você fez referência a um romance inteiro que perdeu, e a um método que desenvolveu. Pode explicar melhor?

Perdi *Os meus sentimentos*, o meu segundo romance. Essa perda determinou esse meu método anormal de escrita. O que aconteceu foi que recebi um e-mail com uma frase que dizia: clique no nariz do palhaço. Não costumo fazer isso, em geral apago essas coisas, mas eu devia estar muito maçada e cliquei. Não aconteceu nada, mas no dia seguinte estava o ecrã do computador todo preto. Fiz todas as tentativas, mesmo com técnicos, e não foi possível recuperar nada.

Mas não tinha backup?

Tinha antigos, ainda era no tempo da disquete. Mas ainda hoje sou assim, a única coisa que tenho é uma pendrive que de vez em quando lembro [de copiar]. Não sou muito cautelosa, de alguma maneira sempre confiei que o que se perde... Não é que seja misticismo, mas é assim. E como já tinha passado dois anos a escrever o livro e tinha feito muitas versões, reescrevi-o de memória. Fechei-me em casa, literalmente, assegurei-me de que havia comida e reescrevi-o de memória. Demorou cerca de um mês, ou menos.

Mas foi mesmo reescrever? Tentou recuperar o livro da maneira como tinha feito?

Sim, como estava a trabalhar nele, tinha o livro muito presente. Agora, neste momento, não seria capaz de reescrevê-lo, mas naquela época estava muito fresco. Portanto foi mesmo o que me lembrava. E depois percebi que gostava muito mais do resultado, porque tinha libertado uma série de coisas de que não me conseguia voluntariamente libertar. São coisas que até poderia achar que não estavam bem no livro, mas como tinham me dado tanto trabalho custava [se desfazer]. Assim, com esse método, isso naturalmente vai embora. E tem outra coisa, é que como já conheço profundamente as personagens, enquanto nas primeiras vezes que escrevo estou à procura do que lhes vai acontecer, ali eu já sei tudo. E portanto ao escrever estou acima de tudo preocupada com a maneira de contar aquilo que já sei, enquanto nas primeiras versões, em que apago, mexo e modifico e vou guardando cópias e cópias, ando à procura de quem são aquelas pessoas, de conhecê-las, não do que acontece em termos narrativos.

Então a partir desse romance o seu método de trabalho é terminar um livro, colocar aquilo de lado, e escrevê-lo outra vez de memória?

Sim, apago tudo e escrevo de novo.

E não consulta a versão anterior?

Não, não posso ter. É um trabalho tão exaustivo que se tiver a versão anterior comigo desisto.

Conhece alguém mais que trabalhe assim?

Não. É anormal, mas para mim resulta.

E quantas versões pode ter um romance? Duas, três?

Tem muitas versões, sou muito obsessiva. Também publico pouco, não é? Para o que se usa, digo, porque não acho que publico pouco. Há autores que publicam um romance a cada dois anos, ou até todos os anos, eu não tenho assim tanto para dizer.

Isso me chamou atenção da outra vez que conversamos, quando me disse que se não publicasse mais nada...

Já estava bem. Há aquelas pessoas que dizem que nasceram para escrever, que sem escrever morriam. Eu não. Gosto de escrever, acho que é o que faço melhor, mas a escrita não é o centro da minha vida. O centro da minha vida são os meus afetos, isso é que me faria parar de viver. Se eu perdesse todas as pessoas que amo, sucumbia.

Li alguma vez você dizer que queima muitos escritos.

Sim, as palavras ardem como outra coisa qualquer.

Não dá pena?

Talvez pela história de vida que tenho sou muito desapegada das coisas.

Tem a ver com o fato de que aos onze anos teve que fazer caber a vida numa mala?

Acho que sim, fui perdendo sempre tanta coisa... E depois também fui aprendendo que as coisas fundamentais não são essas.

Que as coisas que guardo, porque tenho mesmo afeto, são outras. Por exemplo, empresto imensos livros que nunca me devolvem. Ou, como tenho essa tendência de mudar muito de casa, vou perdendo livros. Já me aconteceu de ter que comprar o mesmo livro três vezes, porque não encontro, ou porque o emprestei ou deixei não sei onde. E isto não me inquieta nada, não tenho espírito colecionador, não acumulo coisas.

Dizia que se não publicasse mais não seria algo traumático... E escrever, poderia deixar de escrever?

Escrever tem que ver com ter alguma coisa para dizer. A minha maneira de me relacionar com o mundo passa pela escrita e se calhar é quase impossível eu não sentir essa pulsão. Se calhar escreveria. Ou não, não sei. Neste momento ainda tenho coisas que quero fazer. Mas se calhar, se um dia deixar de ter, da mesma maneira que demorei imenso tempo para publicar... Não escrever não me aflige. Como contei, desde criança, desde muito tempo, quis ser escritora. E demorei até os 37 anos para publicar, e nem nunca me abeirei de uma editora, ou de um editor, ou de um crítico ou de um professor para tornar isso possível. A única coisa que fazia era concorrer a concursos anônimos, e aí até havia mais a ideia do prêmio, porque era uma maneira de ganhar dinheiro, já que tinha desistido da advocacia. Da mesma maneira que, sabendo que era o que eu queria, pude estar tranquila sem me mexer até os 37, também posso estar tranquila agora, aliás, muito mais tranquila. Porque na verdade, alguma das coisas que queria dizer, já as disse. Já têm o seu caminho. Se eu puser tudo o que escrevi, tirando as coisas avulsas, já é imenso. Nós é que temos essa ideia da quantidade e esquecemos que, na maior parte das vezes, mesmo os autores muito bons estão a se repetir. São variações. Com algumas exceções o não saber parar é penoso. É muito importante saber a altura de parar.

É verdade. Seus livros, embora haja alguns assuntos recorrentes, em termos de estrutura, de forma de narrar, não são nada parecidos.

Nem quero. Não pretendo ter aquilo que se diz que é um estilo, em que se pega numa folha e se diz: ah, aqui está ele. Talvez a minha identidade se constitua de tal maneira fora da escrita também, que nunca me interessou isso. Quer dizer, interessa-me que as pessoas que eu amo me reconheçam no meio da multidão, isso interessa-me muito. E que, vendo um bocadinho de qualquer coisa minha, que saibam identificar. Agora, que um leitor leia uma frase minha e saiba que sou eu? Cada livro fala de coisas tão diferentes que seria muito estranho estar sempre a escrever da mesma maneira. Ou seja, se tiver sempre a mesma linguagem seria como se eu fosse a todas as ocasiões da vida com a mesma roupa. Porque o estilo é uma coisa exterior, o que é importante, penso eu, é o que tem para se dizer. Se o que tem para se dizer aguenta sempre a mesma roupagem...

É como se cada livro exigisse um estilo diferente.

E sirva para aquilo que estou a trabalhar. Por exemplo, o desafio maior do *Retorno* foi ter encontrado aquela voz de um adolescente... sou muito mais velha [que o narrador] e nunca fui um rapaz, evidentemente. Agora, o que é que me interessa andar aqui a escrever só livros como adolescente? Não me interessa. Ou escrever livros com uma linguagem tão poética como *Os meus sentimentos*. Naquela altura, e para aquele tema, aquilo interessava-me. Achei que estava certo, mas agora já não me interessa. Dificilmente repito, a não ser que me venha uma ideia que tenha de usar aquilo. Dificilmente aquela fragmentação do *Chão dos pardais* torne a acontecer, como dificilmente o coro do *Campo de sangue* se repita. Ou seja, dificilmente as coisas tornam a acontecer porque dificilmente vou estar interessada naquelas personagens outra vez, e as personagens de alguma maneira ditam a forma como falo delas. Isso vê-se nos meus contos. Tenho contos com linguagem de internet, com linguagem rural, com linguagem quase bíblica, com linguagem administrativa, e não há nenhum que eu diga: gosto mais deste estilo do que do outro. Não, eles estão adequados, no meu ponto de vista, àquilo que eu estava a querer dizer.

Já a vi falar sobre as personagens dos seus livros como se elas tivessem uma vida fora daquelas histórias. Como é a sua relação com elas?

As minhas personagens são para mim como pessoas, só que sem corpo, e eu as conheço como conheço os amigos. Tenho amigos que são, do meu ponto de vista, mais bem formados, outros menos, e outros que são muito bem formados mas que têm atitudes péssimas em determinadas alturas da vida, e nunca deixo de os dizer, se são mesmo meus amigos. Com as minhas personagens é a mesma coisa, algumas são mais bem formadas que outras.

Mas você tem controle sobre os atos delas?

Não tenho muito. Quer dizer, ter tenho, porque leio [o que escrevi] e depois posso apagar tudo, mas de alguma maneira há uma existência que elas vão ganhando. Depois de construí-las, que para mim é conhecê-las — eu não as construo no sentido de vai ser gorda, magra, elas vão me aparecer com esses traços — elas vão agir.

O sangue é algo que aparece muito nos teus livros. No primeiro romance ele já está mesmo no título. Isso tem a ver com a guerra? Foi testemunha de violências em Angola?

Presenciei algumas coisas terríveis, o sangue não é de maneira nenhuma a mais terrível. Não é por isso. Por um lado acho que quando se é mulher o sangue tem uma importância enorme, a primeira menstruação em geral é muito cedo, portanto é traumático, mesmo que estejas preparada. E mesmo quando se é mais velha, não deixa de ser uma coisa esquisita, simbólica e violenta. Acho que vem daí. E depois se calhar tem que ver com outra coisa que me aconteceu que foi o tal acidente [um muro lhe caiu em cima], e aí houve de fato muito sangue. Durante muito tempo vivi com as batas do hospital sempre sujas de sangue, e com o cabelo, e com tudo.

***O retorno* será publicado agora em julho [2016] na Inglaterra. Como vai ser recebido, o que se falará dele é algo que você acompanhará?**

Interessa-me que corra bem, mas o que é dito, o que vai ser feito, isso não me interessa muito. Interessa-me que chegue a mais leitores, isso é um privilégio muito grande. Ao contrário de outros autores, que dizem que lhes independe o número de leitores, acho que é bastante relevante. Acho que a escrita é uma arte de comunicação, se eu não escrevesse para ser lida não publicava, guardava na minha gavetinha e mandava por e-mail ao grupo de amigos. Portanto, é importante e significativo, mas é o resultado. Já fiz a minha parte, que é escrever o livro. Esse processo todo já não é da minha competência, como também nunca digo nada das capas, não me meto nisso, não é da minha competência. Fiz a minha parte, e agora os outros todos façam as partes deles, inclusive o leitor. Se um leitor me escreve a dizer que gostou, fico muito contente. Se escreve com análise do que leu e do que não leu, já tenho mais dificuldade de ler. Aliás, na maior parte das vezes já não leio. Agradeço, mas não leio. Não me interessa, não sinto necessidade de saber o que é que as pessoas disseram do livro, interessa-me que gostem dele, que lhes tenha dado prazer, que lhes tenha divertido — que é para isso que os livros, acima de tudo, servem. E para afastar a solidão.

Mas você sempre diz que os seus livros têm uma proposta de reflexão, que não escreve apenas para contar a história ou em busca do esteticamente belo.

Mas isso é para mim, enquanto construtora. Se a pessoa se diverte com o livro e não vê lá nada, também pode ser. Ou se vê ali muito mais daquilo que eu lá pus, também está bem. Ou seja, é para mim, para me guiar, que tenho que ter isso. A maior parte das pessoas veem coisas nos meus livros que nem me passaram pela cabeça, e não veem não sei quantas que me passaram. Esse desencontro entre a escrita e a leitura faz parte, e é bom que assim seja. Senão, posso sentir-me vigiada. Ah, então se ponho isto as pessoas vão pensar aquilo? Não quero.

Aliás, a incomunicação é um dos assuntos recorrentes nos seus livros.

Sim, porque a linguagem é de fato o que nos distingue dos outros animais. Temos uma linguagem extremamente sofisticada e dá-nos a ilusão de que podemos chegar ao outro facilmente, só que não é verdade. Porque a linguagem é muito insuficiente. Apesar de aparentemente ser extremamente sofisticada, comparada com a dos outros animais, a verdade é que ela é altamente limitada, na maior parte das vezes permanecemos invioláveis naquilo que pensamos e sentimos. Por isso interessa-me muito essa questão da incomunicação.

O poder da palavra, a força e o perigo que ela tem, é também uma constante na sua obra. O Rui sabe as palavras para espantar os demônios, por exemplo.

É porque isto tudo é feito de palavras. Esta nossa conversa é feita de palavras, os livros são palavras, palavras, palavras. As palavras têm uma importância enorme. É tudo. Quase tudo o que construímos é em palavras. Pensamos em palavras, e como pertencemos aos nossos pensamentos, portanto quer dizer que somos palavras. É como se fôssemos constituídos de palavras, apesar de haver este corpo. Agora, não deixa de ser mais eficaz e tentador aquela coisa dos gatos ao sol, um sobre o outro, sabes? Fomos nos afastando tanto dessa parte biológica que já não nos sabemos relacionar. Fico mesmo invejosa quando vejo os outros animais, o entendimento que parece haver entre eles, a paz que parece haver entre eles e a natureza. Algo que nós não conseguimos…

E encontra alguma razão pra essa fé ou fascínio pela palavra?

Acho que tem que ver com o fato de que cresci com os livros, no sentido de me formarem. Porque tive uma adolescência muito solitária em que os livros tiveram vários papéis, e tem a ver com eu ter percebido que era possível construir mundos só de palavras e que eram mundos em que me sentia, em geral, melhor. Ainda hoje é assim. Enquanto as pessoas pensam no serão eu penso: vou ficar a ler. E isso para mim é uma coisa tão boa quanto uma festa. É sexta-feira, digo às pessoas: vou ficar a ler. E elas pensam: coitada. Mas pra mim é estar num mundo, outro, numa viagem em que vou para a Rússia, ou sei lá para onde, com outras pessoas. Ou seja, estou na melhor companhia e a divertir-me. Também gosto dos outros, mas esta ideia de poder construir tanto com palavras desde muito cedo me fascinou. E comecei a perceber o poder das palavras. Depois fui percebendo os rituais das palavras, normalmente os religiosos, e percebi que é imenso. No início era o verbo. Todas as religiões se baseiam na palavra, quando seria muito mais simples basear-se nos sons ou na imagem, que são mais facilmente apreensíveis. E baseiam-se na palavra porque não há nada que possa ter mais poder. Tu crias uma relação muito íntima com as palavras, que não crias com os sons e nem com a pintura.

No seu conto "A biblioteca", que começa com a frase "Os livros salvaram-me", em dado momento o protagonista diz que viveu todas as vidas que leu...

Adorava ter escrito essa frase, mas não é minha. Nem sequer a diria. Isso foi um louco que disse, um louco que conheci, que era bipolar e estava na fase maníaca. Contava sempre a mesma coisa, compulsivamente, e depois dizia: e tudo o que eu não vivi, li. Esse louco resumiu exatamente o que eu queria dizer. Na verdade acho que não há grande diferença entre as vidas que vivi, as que li e as que escrevi. Na minha cabeça vão se misturando, e é bom que assim seja. Eu gosto.

Juan Gabriel Vásquez: A literatura como exploração do humano

Lisboa, verão de 2016

"Minha mulher diz que eu nunca fui criança", conta Juan Gabriel Vásquez num misto de resignação e gracejo. Pelo visto até a pessoa que melhor o conhece e com ele convive há mais de duas décadas tem dificuldade em imaginá-lo sem responsabilidades. É um homem sério, profissional, cordial e elegante. Nasceu em 1973 e, embora se vista como as pessoas da sua geração, tem uma maneira de estar no mundo de alguém de outra época. "Acho que é uma questão de temperamento", tenta se explicar, e no seu rosto se desenha um, muito discreto, sorriso.

Durante as horas que estivemos juntos para um café da manhã um pouco fora de hora, terá sorrido algumas vezes, mas nunca em demasia. Jamais uma gargalhada. Até mesmo quando o assunto não é literatura nem política mantém um ar um pouco solene. Fala pausadamente, de forma clara, e parece ter tudo muito organizado na cabeça. E também na vida. Planejou ser escritor e intuiu que para isso deveria trocar Bogotá por Paris, e depois rumar a Barcelona. Decisões bastante estudadas e ponderadas, assim como a de voltar à Colômbia dezesseis anos depois dessa vida europeia. Saiu do país natal sem ter publicado uma única linha e voltou como um escritor consagrado. Mas se tudo parece muito meditado e calculado em sua vida, na hora de escrever a regra se altera. "Nunca conheço os meus livros antes de escrevê-los. Meus romances são fruto de uma procura."

Ainda nos anos 1990 publicou dois livros que considera de aprendiz e que, por isso, dá-se ao direito de não lhes reconhecer a paternidade. Em 2004, aos 31 anos, com *Os informantes*, começou a ocupar um espaço destacado na literatura em língua espanhola. Hoje é um dos escritores latino-americanos mais traduzidos e premiados.

No começo de julho de 2016 esteve em Lisboa para receber o prêmio Casa da América Latina pelo romance *As reputações*. No discurso de agradecimento disse: "A reivindicação da natureza ambígua e contraditória das nossas experiências humanas é parte do que procuro fazer nos meus romances, assim como a proteção da seguinte verdade fundamental: às vezes as perguntas são mais interessantes que as respostas e às vezes o silêncio é mais eloquente do que as exaustivas vozes".

Há uns anos você me contou que quando era adolescente foi ao Brasil jogar um campeonato de futebol e que o Zico lhe entregou uma medalha no Maracanã. Em algum momento sonhou em ser jogador profissional?

Em alguma parte da cabeça, sim. Porque eu era bastante bom, era zagueiro central e capitão do time. Daquele grupo, havia dois ou três que consideraram se profissionalizar. Mas não era algo realista na Colômbia daquela época. Havia uma questão social, alguém de classe média, média alta, simplesmente não era jogador de futebol. Até os 22 anos joguei num nível muito competitivo, até que um dia descobri que tinha um descolamento de retina grave.

Proibiram-me qualquer esporte de contato pelo resto da vida. Um golpe mais forte poderia me deixar cego.

Como foi a sua infância? Os livros estavam presentes?

Já falei disso algumas vezes, não me lembro de um momento da minha vida em que não estivesse acompanhado dos livros. Uma das lembranças mais antigas que tenho com as palavras é a de pegar o *Libro gordo de Petete.* Sabe o que é?

Não.

Era um livro ilustrado, para criança, que basicamente contava como era feito o mundo. Por que chove, como se formam as nuvens, essas coisas. Lembro de usar a contracapa desse livro para terminar, com as minhas palavras, uma história de super-herói que tinha lido e cujo final não tinha me agradado. Pareceu-me que havia de contar mais. Então escrevi o resto da história, como a imaginava, na contracapa desse livro.

Essa foi a sua primeira experiência como escritor?

Acho que sim. Agora que estou contando isso vejo como tracei, à mão, umas linhas, completamente tortas, para escrever, sobre elas, com uma letra de criança que acabava de começar a escrever.

A sua família é de leitores?

Sim, os meus pais são advogados com uma certa herança humanista. Cresci numa casa onde os livros eram importantes. Meu pai dizia coisas assim: este é um escritor com cujas ideias eu não estou nem um pouco de acordo, mas é um grande escritor. Essa ideia de que os escritores são pessoas respeitáveis a quem se deve ouvir me foi passada.

Quando você foi estudar direito já tinha claro que queria ser escritor?

Comecei direito convencido de que seria a minha profissão e que seria um leitor nas horas vagas, e que nessas horas vagas também iria escrever. O primeiro conto que escrevi foi aos oito anos, está publicado no anuário do colégio em que estudei porque ganhou um prêmio. Portanto, escrever é uma coisa que sempre fiz. Mas imaginava que seria algo para o tempo livre e que era preciso ter uma profissão "séria", que desse certas garantias econômicas. E, além disso, eu tinha a sorte, o privilégio, de herdar o escritório de advocacia do meu pai. Mas pelo meio do curso percebi que a literatura para mim não era uma atividade secundária, de final de semana.

É verdade que você se sentava no fundo da sala para ler romances enquanto os professores davam aula?

Totalmente. Tive um primeiro ano relativamente cômodo, porque era muito voltado para as humanidades, líamos teoria política, filosofia, alguns professores interpretavam suas matérias através da literatura. Mas pouco a pouco fui passando cada vez mais tempo com livros de literatura e não de direito, e comecei a escrever alguns contos, que imitavam o Cortázar, e inclusive um romance horrível, que era um pastiche de García Márquez. Nessa época descobri Borges e percebi que era aquilo o que queria fazer.

E o que fez?

Estudávamos das sete da manhã até a uma da tarde, porque muitos estudantes trabalhavam de tarde para pagar o curso. Então fui assistir a aulas de literatura de tarde, uma maneira de fazer a transição e ver se realmente era sensato, se aquilo tinha algum futuro.

E a sua família apoiava?

Adoraria ter histórias trágicas para contar, de enfrentamento com os pais, de luta por meu destino. Mas não, a reação deles foi de total apoio, acho que estavam conscientes de que tinham me alimentado com livros, não podiam reclamar.

E depois você vai para Paris estudar... Na *História secreta de Costaguana,* o personagem principal diz que foi embora para Londres fugindo da história. Você sente que saiu da Colômbia pelo mesmo motivo?

Agora percebo que sim, mas naquele momento estava absolutamente convencido de que a única razão era por eu querer ser escritor. E todos os meus modelos — García Márquez, Vargas Llosa, Cortázar, Fuentes — passaram por Paris. E achava, portanto, que ia embora da Colômbia para ser escritor, mas com o tempo fui percebendo que não, que também tinha uma razão subterrânea que era escapar da violência. Desde os onze anos eu não conhecia outra coisa que não fosse o medo, viver com precaução, aquela sensação da cidade após um atentado... Com quinze anos era representante de classe no colégio e estava incumbido de, quando havia simulações de bombas, organizar as crianças menores e levá-las até o campo de futebol. Sabia que tinha que evitar as lixeiras porque ali poderia haver uma bomba. Naquele momento parecia algo normal, mas com um pouco de perspectiva você percebe que viveu uma infância em guerra.

Há um momento na sua vida em que você fica quase um ano meio isolado numa cidadezinha da Bélgica. Como foi isso? Por que foi tão importante?

Nessa altura já tinha publicado meu primeiro romance e terminado o segundo, mas quatro meses antes de ser publicado eu já estava absolutamente descontente com o livro — e com o anterior também. Achava que não funcionavam, que eram trabalhos de aprendiz e não sabia como fazer algo melhor do que aquilo. Entrei numa crise brutal, era uma sensação de fracasso e necessidade de reavaliar a minha vida.

O seu primeiro romance foi escrito na Colômbia?

Sim, e levei o manuscrito a Paris para terminá-lo. O segundo foi totalmente escrito em Paris, é um romance de 180 páginas que escrevi em três meses, ou algo assim. Não me surpreende que eu não tenha ficado satisfeito. As frases me saíam muito facilmente, descobri que eu era uma pessoa capaz de escrever frases mas que não tinha nada para contar. Não havia nada além, ainda não tinha encontrado os meus temas, as minhas obsessões... Claro que eu ainda não sabia disso, não com essa clareza. Sabia, sim, que estava completamente desorientado e que a literatura talvez não fosse para mim. Então fui para a casa de uns amigos.

E onde fica essa cidade?

Chama-se Xhoris, é uma vila muito, muito pequenina entre duas vilas um pouco menos pequeninas, a vinte minutos de Liège. Esses amigos eram muito cultos e bons de conversa. Contei o que estava acontecendo e me disseram: pegue suas coisas e fique aqui o tempo que precisar. Viviam numa casa grande, os filhos, já casados, tinham ido embora, e me acolheram. Empacotei os meus livros e fui para lá. Fiquei num quarto, no terceiro andar da casa, com uma vida de não ver ninguém, de não sair dali até descobrir se a literatura era ou não para mim, e que tipo de literatura, que tipo de escritor eu queria ser.

Foi uma época de angústia ou de esperança?

Naquele ano eu completava 26 anos, estava a ponto de alcançar aquilo que Conrad chama de linha de sombra, que é a idade em que um homem já tem que ser adulto, tem que tomar controle do seu destino. Estive nessa situação absolutamente privilegiada, mas por dentro havia uma desordem e uma angústia grandes. E o que aconteceu nesses nove meses foi a solução disso.

Naquele período de reflexão e encerramento você descobriu que queria falar sobre a Colômbia nos seus livros, não?

Não descobri que queria, mas que podia escrever sobre a Colômbia. Porque sempre quis, mas pensava que não tinha o direito de fazer.

Por não estar lá?

Não exatamente, mas sobretudo por uma sensação de tensão que tinha com o país, de não entendê-lo, de não entender nem sua história, nem sua política, nada. De vê-lo como um lugar escuro em que eu não sabia exatamente o que acontecia. E o que descobri na Bélgica, por algumas leituras e por um processo interno de reflexão, foi que justamente o fato de não entender era a melhor justificativa para escrever sobre a Colômbia, porque a literatura é isso: é um exercício de exploração. Não se trata de contar o que você já sabe e domina mas de mergulhar nesses lugares escuros. Descobri isso ou talvez intuí — não tinha tão claro como agora —, e a partir daí começou um processo de cura.

E depois você se mudou para Barcelona...

Sim, sem conhecer ninguém. Bom, conhecia uma pessoa. Durante dois meses eu e a minha mulher dormimos num colchão inflável na sala da casa desse amigo, enquanto eu escrevia os contos de *Los amantes de Todos los Santos* [inédito no Brasil], o que seria o meu primeiro livro de fato. Não tem nada a ver com a Colômbia, mas sentia pela primeira vez que o que eu escrevia tinha consistência literária, estava encontrando coisas mais ou menos valiosas. Esses contos já traziam alguma maturidade e exploravam assuntos que a partir dali sempre me interessaram, como a solidão, a dificuldade das relações humanas, a relação entre pais e filhos, o passado, a memória. Encontramos um apartamento e nele terminei de escrever esses contos, que foram publicados em 2001. E então começou outra vida, uma vida na qual sentia que poderia vir a ser escritor.

E vivia de traduções?

A primeira coisa que fiz foram artigos para uma enciclopédia da Planeta. Fiz pareceres para editoras, continuei a escrever artigos para a imprensa colombiana. Fui abrindo caminho à força nos meios editoriais para sobreviver, fazendo de tudo. Cheguei a escrever um livro sobre como cuidar de gatos. Fazia coisas assim, recebia seiscentos euros, e com isso sobrevivia um tempo.

Era muito duro porque trabalhava muito tempo tentando guardar algumas horas do dia, que eram poucas, para ler e escrever contos. Lembro como foi difícil, mas também me lembro da felicidade de estar ali.

Há uma coisa que me chama a atenção. Você é organizado, planeja a vida, mas quando escreve não é assim. Não tem uma maquete de como será o livro...

Alguém, não me lembro quem, me dizia exatamente isto: a ordem da minha vida é a única maneira possível para que aconteça a desordem que é a minha literatura, para que meus livros sejam essa incerteza completa que são. Porque é mesmo assim, a cada página vem a angústia de não saber o que é aquilo que estou fazendo.

A sua editora, Pilar Reyes, conta que, no computador, você usa a letra e tamanho de página exatamente como será o livro

impresso para saber como vai ficar aquilo na página. Isso é quase obsessivo.

Obsessivo e neurótico, é coisa de louco. Sou bastante compulsivo com essas coisas e acho que é justamente pelo que acabo de dizer. Preciso colocar um andaime que mantenha a estrutura para que, por dentro, possam estar a incerteza, a angústia e a desordem, sem que eu enlouqueça.

Uma vez você me disse que é capaz de ficar sentado durante três horas olhando para o teto porque sabe que é preciso estar ali, sem conseguir escrever, para que uma hora saia alguma coisa.

Claro, o que aprendi com a experiência é que essa página que escrevo, que é a única de uma manhã inteira que dedico a isso, é escrita graças a essas três horas que estou sem fazer nada olhando para o teto.

Em *O ruído das coisas ao cair* há uma imagem de um homem chorando numa biblioteca enquanto escuta uma fita, uma imagem que você viu. Você nunca soube quem era e por que chorava?

Não, não. E me incomodou muito aquilo, me deixou curioso mas me incomodou. Então comecei a inventar a sua vida, imaginei que era um homem que tinha perdido alguém num acidente de avião. O documento que estrutura o romance é a transcrição de uma caixa-preta de um acidente real. Em seguida comecei a descobrir que esse meu personagem era um piloto, que acabava de sair da prisão e que estava envolvido com drogas. Então comecei a contar os seus anos de juventude, quando tudo aquilo tinha começado, e de repente tudo caiu por terra, porque faltava algo. A história deixou de me interessar, me parecia que estava contando uma história demasiado distante da minha experiência e com a qual não tinha nenhuma relação direta, nenhum compromisso vital e emocional.

E a abandonei. E acho que ela teria ficado abandonada numa gaveta se não fosse pelo hipopótamo, porque um dia abri uma revista, vi o hipopótamo morto e passei vários dias pensando nele, no zoológico que visitei na infância.

Você conta que visitou a fazenda de Pablo Escobar quando era criança e viu esses hipopótamos no zoológico particular dele. Voltou lá depois?

Não voltei. Mas quando abri a revista me lembrei dessa visita e comecei a pensar, pela primeira vez desde que tinha deixado a Colômbia, no que foi ter vivido durante essa época. Fui ao zoológico do Escobar em 1985, no ano anterior ele tinha matado o ministro da Justiça, Rodrigo Lara Bonilla, e ali começaram os nove anos terríveis que foram os da minha adolescência. Foi o assassinato que deu início a tudo... Então, através de todo esse processo de lembrar, percebi que poderia continuar contando a história do piloto, mas que tinha que ser alguém da minha geração a contá-la, alguém que tivesse sofrido a guerra, a violência. É ali que aparece o Antonio, e todo o resto flui.

Você viveu algum episódio de violência como o atentado que está no livro?

Qualquer colombiano que viveu essa época pode contar uma história parecida, um momento em que se salvou de uma bomba. Em 1993, esse ano em que decidi que ia ser escritor e que iria embora da Colômbia, eu era um leitor obsessivo de literatura latino-americana e passava todo o tempo que podia procurando livros em sebos, que eram os que eu podia comprar naquela época, e fugindo das aulas de direito. Eu fazia sempre um percurso e nele havia uma livraria, no centro de Bogotá, que era um edifício de tijolos, um lugar pequeno mas cheio de livros. Num dia de janeiro de 1993 fui caminhando até lá, mas em vez de entrar decidi dar uma volta no quarteirão para ir a outra livraria pequena. Quando cheguei descobri que era o primeiro dia de aula dos colégios e que estava cheio de crianças com as mães, muito barulho, e pensei: não quero entrar aqui. Continuei o meu caminho e quando dobrei o quarteirão explodiu um carro-bomba. Ali, ao lado da papelaria, ficava a Câmara do Comércio. Foi um atentado de Pablo Escobar e essa bomba matou 25 pessoas, entre elas algumas daquelas mães e crianças. Naquele dia senti que tinha passado muito perto de mim.

E vivendo em Barcelona você revisitou essas memórias para escrever o livro. Li que você telefonava para pessoas que estavam em Bogotá e pedia para que elas verificassem algum detalhe sobre uma rua, um edifício...

Meu pai fez muito isso para mim. Por exemplo, telefonava e lhe pedia que fosse à casa da Poesia Silva e me confirmasse que, como eu me lembrava, a calçada daquela rua era especialmente alta, e se dois quarteirões mais abaixo de fato se pode estacionar uma moto, se há espaço na calçada para que uma moto espere [como fazem os assassinos do livro]. Fiz muito isso para fins descritivos, mas também para questões de memória, porque às vezes nossa lembrança dessas coisas é distorcida, então eu telefonava para amigos e perguntava: você se lembra se isto que eu recordo era desse jeito? Sentia o mesmo naquela época? O livro está construído com muitas dessas coisas.

Nos seus livros os cruzamentos de caminho, a sorte e o azar estão sempre presentes. Você acredita no destino ou acha que as coisas que nos acontecem são puro acaso?

Creio que são acasos, mas também creio que são acasos tão fascinantes que, se você tem uma compreensão narrativa do mundo, não pode evitar procurar um contexto. Ou seja, se você entende o mundo em termos de histórias e acontecem coisas assim, você tem que procurar esse relato, essa narrativa que explica. Mas para mim não há outra coisa senão o acaso. Isso que chamamos de destino para mim não existe. Digamos que o que era o destino para os gregos para mim se chama história ou política, são essas forças que dirigem a sua vida sem que você perceba. Isso sim existe, somos todos marionetes de forças que têm uma influência muito clara em nossos "destinos". Nisso sou muito tolstoiano, o homem é uma criatura à mercê das forças da história e da política. Mas não creio em outra definição de destino, entre outras coisas porque me parece muito bonita, embora arriscada, a ideia de que tudo é responsabilidade nossa, que há uma responsabilidade moral em cada um dos nossos atos, que é o que vai construindo isso que chamamos destino.

Mas também é verdade que muitas vezes não temos o controle das nossas vidas, que muitas decisões não são tomadas por nós.

Sim, ou podemos fazer grandes esforços para tomar toda uma série de decisões corretas e pensadas, mas em seguida entra a História, em alguma das suas formas, e manda tudo pelos ares.

Você e Javier Cercas são amigos e têm uma maneira de pensar a literatura bastante parecida, não é verdade?

Muito. Com o Javier tenho uma espécie de identificação que às vezes me preocupa. Uma vez, antes de conhecê-lo, dei uma entrevista na Espanha e disse que uma coisa que me surpreendia muito era que os escritores espanhóis não se valiam muito da história recente. E dizia: se eu fosse um escritor espanhol estaria escrevendo um livro sobre a tentativa de golpe de Estado de 1981. Anos depois conheci o Javier Cercas, que me contou que tinha lido aquela entrevista e pensado: bom, estou fazendo exatamente isso neste momento.

Das preocupações que vocês partilham está a moral, ou talvez a ética, não?

Sim, acho que quando falamos da relação entre a moral e a literatura temos que distinguir entre literatura moral e literatura moralizante ou com lição de moral. Estou falando de uma literatura que explora os momentos em que o ser humano faz uma escolha e não outra. Escolher e lidar com as consequências do que se escolheu é um tema moral. Essa é a literatura que me interessa, a que explora as consequências das nossas decisões, o processo pelo qual fazemos mal a outras pessoas ou fazemos mal a nós mesmos, ou lidamos com os danos que sofremos. Todo esse terreno de conflito... Para resumir: o enfrentamento do bem e do mal, de uma posição no mundo que trata de fazer o bem e uma que não consegue. Essas coisas me interessam, acho que é por isso que me interessa tanto a literatura russa, eles fizeram isso muito bem.

Escrever ajuda a organizar essas coisas na cabeça?

Escrever permite um grau de empatia que acho que não existe em nenhuma outra atividade humana. Um grau de empatia e de compreensão dos labirintos morais dos seres humanos. Escrever é a única maneira de viver durante um tempo suspenso na mente de um assassino, por exemplo. Essa é uma das razões para o "romance sério" — e aqui ressalto muito as aspas — ter sobrevivido. Sobreviveu porque continua a nos dar isso, continua a permitir uma exploração moral do mundo que não está, pelo menos com essa intensidade, em nenhuma das outras maneiras que inventamos para contá-lo. Acho que o jornalismo e a história lidam bem com muitas coisas, e muitas vezes melhor do que o romance, mas o romance é insubstituível, porque nos permite acessar uma parte da nossa consciência que não conseguimos de outra forma, só podemos chegar a esses lugares de nossa condição humana por meio da literatura de ficção. Ou seja, se Dostoiévski não tivesse escrito *Crime e castigo* haveria uma parte da condição humana a que não teríamos acesso.

Ou seja, para você a literatura tem uma utilidade clara.

Sim, para mim a literatura é uma maneira insubstituível de exploração e compreensão do humano. É uma maneira de invenção do humano. Em latim, "inventar" tem a mesma raiz que o verbo "descobrir". Ou seja, inventar algo é descobri-lo. E a literatura de ficção é um descobrimento do que somos como seres humanos. Nossa compreensão do mundo seria infinitamente mais pobre sem Cervantes, Tolstói, Proust, Faulkner... Imagine, sem Kafka nós não teríamos acesso a toda uma parte da nossa experiência que é tão comum que todo mundo sabe o que é algo kafkiano — mesmo que não tenham lido Kafka. E isso para não falar de outra coisa que está fora de moda, mas em que continuo acreditando firmemente, que é a educação moral que há na literatura. Na literatura aprendemos o que é o bem e o mal, aprendemos o que é o sofrimento (o que é causar sofrimento e o que é sofrer), aprendemos o que são as decisões difíceis. E nesse sentido os romances são sempre mais inteligentes que os autores. Os romances sabem mais do que quem os escreve. É famosa a história que Tolstói começou a escrever *Anna Kariênina* baseando-se numa história que tinha visto. Uma amiga mais ou menos próxima da família colocou um chifre no marido e acabou se suicidando. Então ele começou a escrever a história pensando em fazer a condenação de uma mulher imoral. Mas o romance foi muito mais generoso, mais inteligente que ele e acabou sendo um arrazoado quase feminista. E Anna cresce moralmente no romance enquanto o seu marido, que na intenção original é como o representante da ordem, do bem e dos valores, se converte num imbecil que desprezamos. Então, sim, creio que há uma utilidade na literatura.

Bernardo Carvalho: A literatura como ferramenta para alargar o mundo

Óbidos, outono de 2016

À mesa, depois de jantar, enquanto alguém enche os copos de vinho, Bernardo Carvalho fala sobre a crise de meia-idade em que esteve mergulhado durante alguns anos e que coincidiu com o período em que escrevia *Simpatia pelo demônio*. O assunto parece que vai por um caminho mais nebuloso — alguém fala sobre morte assistida —, mas ele retoma a palavra e arremata com uma sentença lapidar: "Mas eu acho do caralho a vida. Mesmo quando estou na merda, eu acho muito bom viver". No romance a que fazia alusão, um homem em crise, diante de um terrorista ferido e assustado disposto a se imolar, começa a contar a sua vida. Pouco importa ao funcionário de uma agência humanitária que o seu algoz não entenda uma palavra do que é dito, o importante é contar, contar e contar, na tentativa de entender a vida, e de sobreviver.

Nascido no Rio de Janeiro em 1960, há mais de duas décadas Bernardo Carvalho escolheu São Paulo para morar. Formou-se em jornalismo, mas o que queria era fazer filmes. Foi crítico de cinema e editor de um suplemento cultural da *Folha de S.Paulo*, jornal para o qual foi correspondente em Paris e Nova York. Estreou na ficção em 1993 com o livro de contos *Aberrações*. Em 2003 recebeu o prêmio Portugal Telecom com *Nove noites*, romance que o consagrou no mundo literário. *Reprodução*, de 2013, recebeu o prêmio Jabuti de melhor romance.

Esta entrevista aconteceu num lugar cujo nome parece saído de um livro, Imaginário, uma pequena aldeia ao lado de Óbidos, vila portuguesa que abriga um festival literário. Conversamos sobre o poder e a função da literatura, o lugar de um escritor brasileiro dentro do mercado mundial, sobre rótulos e cânones literários — com direito a opiniões que podem desagradar a alguns — e sobre ter uma relação "quase religiosa" com a literatura, que nem a ciência nem a razão dão conta de explicar. "O crente tem Deus. Eu tenho a literatura", resumiu.

Você trabalhou na *Folha de S.Paulo*, foi editor, correspondente internacional e repórter especial. O jornalismo foi uma maneira de chegar à ficção?

Não exatamente. Quando eu era garoto queria fazer cinema, e acho que queria ser diretor porque não tive uma família literária. Por exemplo, a minha mãe gostava de ler livro vagabundo, mas ela só lia em inglês: policial e ficção científica — esses livros de bolso. Não tive uma formação literária em casa. Depois fui para a escola, li os clássicos brasileiros, mas não fui um grande leitor na adolescência. Acho que a minha ideia de narrativa vinha do cinema porque não tinha essa relação com a literatura. Quis ser cineasta, cheguei a entrar na faculdade de cinema no Rio, mas fui uma semana e larguei. Tentei fazer um filme e não deu certo.

Por quê?

Primeiro porque devia ser muito ruim. Mas além disso, foi filmado na praia e entrou areia no chassi e arranhou o negativo do início ao fim. Deu tudo errado. E aí fui para a França, queria fazer um curso de cinema importante, mas não passei [no exame]. Mesmo assim acabei ficando um ano por lá. Fazia crítica de cinema, tinha feito faculdade de jornalismo, e pouco a pouco fui entrando no jornalismo por aí. Quando voltei da França, a *Folha* me contratou.

E quando você começa a escrever ficção?

Nesse tempo em Paris eu já vinha escrevendo, tentando esboçar uns romances. Escrevi um monte de primeiros parágrafos de romances. E fui acumulando porque não tinha fôlego, escrevia um parágrafo e guardava para um dia eventualmente retomar. E escrevi muitos, talvez uma centena. Fui ser correspondente em Nova York e no meio do governo Collor teve uma crise econômica barra-pesada. O jornal me demitiu, mas eu tinha um apartamento pago até o final do ano, mais seis meses, e resolvi ficar por lá. Peguei esses inícios de romances, selecionei onze, e fui escrevendo uma coletânea de contos. Eu ia aumentando todos simultaneamente, foram crescendo ao mesmo tempo. E esse foi o meu primeiro livro, *Aberração*, que saiu em 1993 pela Companhia das Letras.

Mas você fica mais conhecido com o prêmio Portugal Telecom, por *Nove noites*, não?

É curioso, eu comecei a ser traduzido logo no primeiro livro, o de contos. Foi traduzido para o francês. Tinha algum prestígio o que eu fazia, não era um negócio popular, mas as pessoas sabiam mais ou menos quem eu era.

Hoje em dia faz algum sentido falar numa literatura brasileira contemporânea? Há alguma coisa que ligue o que você faz com o que Luiz Ruffato ou João Paulo Cuenca fazem, por exemplo?

Não vejo nada. Acho é que cada um é um e que o mais importante é você poder ampliar o sentido de literatura brasileira. Antes de eu existir não tinha, obviamente, um escritor como eu, que fez os livros que fiz. E não sou igual ao que se fazia na literatura brasileira antes. Não é nem melhor nem pior, não se trata disso. A questão é que a literatura brasileira ficou um pouquinho maior, coube mais uma pessoa, e essa pessoa é um pouquinho diferente das outras. E isso é importante. Não entendo por que é que você tem que submeter os escritores a um denominador comum. Uma amiga me contou que falou para o pai que tinha lido o meu livro e gostado. Ele respondeu: não leio de jeito nenhum o livro de um escritor brasileiro que tenha o título *Mongólia*, isso não é literatura brasileira. Tem um provincianismo nesse pensamento e isso reproduz o colonialismo. Na verdade, um americano que escreve um livro chamado *Mongólia* não tem nenhum problema, e aquilo é literatura americana. Ele pode.

Pode escrever sobre tudo, inclusive sobre o Brasil, não é?

E quando se tenta reagir contra isso parece que a coisa fica mais burra ainda. Agora surgiu um movimento tentando impedir que escritores brancos, ocidentais de países desenvolvidos se apropriem de "histórias do Terceiro Mundo". Li isso no *New York Times*. Imagina, eu sou gay e tenho o "direito" de escrever sobre gays, mas sobre negros não, porque não sou negro. É absurdo, mas tem uma coisa engraçada nisso que é que, sem precisar dizer, o mundo ocidental já faz o que esse movimento quer fazer. Eu, escritor brasileiro, não posso escrever sobre um japonês. A metrópole já decidiu que um brasileiro só pode escrever sobre um brasileiro.

Tenho a impressão de que você é bastante aberto a convites e encomendas. Participou de um projeto que mandava escritores para uma cidade, no seu caso São Petersburgo, para escrever

um livro [e escreveu *O filho da mãe*]. Depois fez *Mongólia*, com uma bolsa. Gosta desses desafios?

Acho que houve um momento em que isso correspondia ao que eu tinha na cabeça, com a literatura que queria fazer. Talvez hoje eu aceitasse menos. *O filho da mãe* e o *Mongólia* são livros que correspondem muito a uma espécie de método literário que criei, e as encomendas me ajudaram porque estavam em sintonia com o que vinha fazendo naquela época.

Mas o que era? Você achava importante viajar para ter outro olhar?

Começou com *Nove noites*. Tive a ideia do livro lendo um artigo no jornal que mencionava um antropólogo que se suicidou no Brasil entre os índios nos anos 1930. Comecei a pesquisar e encontrei as anotações de campo que ele fez durante o tempo que esteve com os já desaparecidos trumais. Era uma pessoa muito ambiciosa, inteligentíssimo, brilhante, estudante de Columbia, uma promessa da antropologia internacional, e optou por estudar uma etnia que estava em vias de extinção e que nunca havia sido estudada. Esse estudo ia colocá-lo numa espécie de vanguarda da antropologia internacional. Mas era Estado Novo, ditadura no Brasil, e na época se você fosse estrangeiro havia uma desconfiança muito grande. Era preciso uma autorização do Estado e ir com um cientista local que pudesse te acompanhar, vigiar no caminho. Ele pede essa autorização e não recebe e vai de qualquer jeito. Provavelmente a doença que adquiriu e pela qual ele acabou se matando era sífilis, que num estágio avançado pode provocar loucura. Ele foi para essa aldeia indígena numa viagem muito difícil, um lugar inacessível, e no caminho ficou doente e começou a ter alucinações. E quando chega muito debilitado na aldeia desses índios, que eram muito guerreiros e que tinham acumulado inimigos por toda a região, ele encontra uma sociedade que vive em estado de pânico coletivo, porque esses índios estavam reduzidos a um punhado de pessoas e poderiam ser destruídos a qualquer instante. E aí tem uma espécie de sintonia, fusão, entre esse cientista, homem da razão mas que está delirante, e esse objeto, que termina por contaminar esse homem, porque ele está vulnerável. E o que acontece é que ele faz incríveis anotações de campo, e que são uma descrição do horror social, coletivo, mas já pelos olhos alucinados. Tem uma subjetividade aí muito grande, uma subjetividade da loucura, da febre, que faz com que o sujeito e o objeto se fundam. Eu queria muito tentar entender o que tinha acontecido, o porquê de ele ter se suicidado, e a partir dali desenvolvi uma espécie de estratégia literária que acabei repetindo nos outros livros.

E que consiste em quê?

Em provocar o medo em mim. Quando li as notas de campo do antropólogo e vi esse pavor, essa correspondência do pavor pessoal e social, pensei que para entender por que ele se matou precisava, de alguma forma, sentir o mesmo medo, viver o medo que ele sentiu. Então fui para uma tribo — não a mesma do livro, porque já não existe — e o que fiz, e que acabou resultando na parte mais cômica do livro, foi que fui para lá predisposto a ter medo, a ter uma experiência paranoica. E, por coincidência, tinha uma coisa secreta, que era que eles queriam me batizar e fazer uma festa, e eu achava que alguma coisa estava sendo conspirada contra mim e que eu era uma vítima. E isso me fez criar inconscientemente um método de escrita baseado na experiência de um medo, mas de um medo que é falso, não tinha razão de senti-lo. Um medo que foi criado com o objetivo de fazer literatura, criado a priori. Já fui para lá determinado a sentir medo. E daí para a frente essa coisa do medo passou a guiar a minha literatura, então é como se eu precisasse da experiência do medo.

E, nessa lógica, viajar ajuda a sair da zona de conforto e sentir medo...

Ajuda porque você não entende o outro. Então me interessava ir para um lugar onde ia haver um mal-entendido. Não fui para a Mongólia para entender como era a Mongólia, nem para a Rússia para entender a Rússia, não ia com a ideia do antropólogo, do sociólogo ou do cientista político, o que me interessava era ir para um lugar onde eu não pudesse compreender nada, estivesse totalmente fora do chão e pudesse alucinar e criar uma experiência ficcional. Durante três ou quatro livros escrevi buscando esse medo e usando-o como um método de escrita que tinha o objetivo de combater esse reducionismo multicultural. A encomenda da viagem serviu, correspondeu a um objetivo literário. Então, acho que hoje, se me oferecessem, eu não aceitaria — talvez aceitasse, não sei. Mas já não me auxilia em nada viajar para um lugar para fazer um livro.

E esse medo nunca foi real?

O medo é sempre real. É provocado, mas quando você sente é de verdade. Eu senti medo na aldeia, em São Petersburgo, no Japão e na Mongólia. Não é que não corro o risco, mas o que quero dizer é que era uma armadilha para esse preceito empobrecido do multiculturalismo de pensar que literatura é necessariamente a expressão de uma experiência vivida.

As viagens potencializam a dificuldade de comunicação. A necessidade, e ao mesmo tempo a impossibilidade ou inconveniência de contar, é um assunto que percorre a sua obra, não é?

É sim, e eu acho que a literatura, a arte em geral, se dá quando a comunicação para de funcionar. A antropologia, a ciência social, o jornalismo, tudo isso é comunicação. Acho que na literatura tem um passo além disso que é você ir para um lugar onde a comunicação não funciona, onde é difícil o entendimento. E é uma tentativa, um esforço sobre-humano de você tentar fazer entender uma coisa que não é inteligível. A literatura não é substituível pela antropologia, pelo ensaio, pela psicanálise, pelas ciências humanas. É como nesse meu livro recém-saído [*Simpatia pelo demônio*], o Rato tenta entender o Chihuahua mas ele nem consegue chegar naquele objeto. E acho que a literatura está nesse esforço de tentar um entendimento do mundo para além do lugar onde o mundo é inteligível. Penso que é uma forma de entendimento, uma forma de racionalidade também, mas uma forma de racionalidade que incorpora coisas como o inconsciente, a subjetividade, que permitem dar um passo a mais e procurar o entendimento num lugar que está para além das ciências humanas, está num lugar da desmesura. E isso não se opõe ao fato de eu ser "certinho" e escrever numa linguagem hipercontrolada, que é muito simples — não faço nenhum floreio, não sou alguém que faça literatura bonita, e isso é deliberado.

Por que é deliberado?

É uma espécie de fantasia que tenho, mas que é assim: quanto mais bonito eu fizer literatura, mais longe da verdade vou ficar. Mas voltando, é como se essa verdade só pudesse ser encontrada nesse lugar que o ensaio, a razão, as ciências humanas não conseguem atingir. É um negócio a mais, que também não sei o que é, mas a literatura tem esse poder de alcançar. E não é floreando, fazendo bonito, que isso acontece.

Você tem falado bastante sobre essa necessidade de se insurgir contra a imposição do mercado de uma literatura palatável. Acha que às vezes é preciso ser conscientemente inoportuno literariamente falando?

Falo de provocar o leitor, de gerar desilusão no leitor, desse gosto imediato por uma literatura agradável — não que a minha seja desagradável, acho que é agradável um monte de vezes. É uma vontade de dizer ao leitor: não, não é aqui, não é isso. É tentar jogar o leitor um pouco nesse outro lado. Estou à procura de um negócio que está além disso, que está além da beleza da formulação das frases, além de uma beleza estética de superfície. Pretendo uma questão de fato reflexiva, como se aquilo que faço tivesse alguma função, mas que eu também não sei qual é. Uma função de conhecimento, mas que está além. Acho que essa literatura tem a ver com as ciências humanas, o tempo inteiro eu recorro à antropologia, à psicanálise, mas para dizer que aquilo ali não dá conta, tem que ter uma outra coisa além. E esse instrumento aqui é um instrumento de conhecimento que não vem pela mera descrição da realidade sem interferência do narrador e do autor. É um meio que é maleável, é flexível, você pode fazer dele o que você quiser, pode colocar ali dentro o que você quiser. Mas isto que digo é quase religioso, é quase uma relação mística com a literatura. O crente acredita que Deus é isso que eu estou falando, que a razão não dá conta, a ciência não dá conta, mas ele tem Deus. E eu tenho a literatura. Estou quase me relacionando com a literatura de uma forma mística, como se fosse uma possibilidade extraordinária de conhecimento.

Então para você a literatura tem uma função?

Acho que tem, mas não é uma função que eu saiba dizer exatamente qual é. Uma função de conhecimento, de alargamento do mundo. E por isso acho que a questão do mercado e da literatura de entretenimento — e não tenho nada contra a literatura comercial de entretenimento — é terrível. Por trás disso tem um sofisma, na verdade você está anulando a possibilidade maior da literatura, que é chegar a algum conhecimento para além das expectativas.

Na Flip de 2016 você disse que não se importava com o leitor, que o que queria era fazer a sua literatura. Essa frase gerou alguma polêmica na altura. Foi uma provocação, era uma investida contra o que o mercado quer impor?

Quando digo que não penso no leitor, que não escrevo para o leitor, não estou ofendendo ninguém. Só estou dizendo que não vou me ater às demandas de mercado. Se todo mundo acha que a Terra é plana, não posso continuar pensando isso se tenho a intuição de que ela é redonda e que posso tentar de alguma forma chegar a esse conhecimento. A ideia do mercado é que você não pode dizer isso porque isso contraria o cliente, o leitor.

E isso é um pouco o cachorro correndo atrás do rabo. O leitor quer isso, o mercado dá isso, e você já nem sabe quem deu início a esse ciclo.

Sim, e é o que eu disse: a literatura como estreitamento do mundo. Acho que a literatura, se ela tem uma função, é alargar o mundo, e o que o mercado está fazendo é estreitá-lo. Na verdade estou sendo honesto e respeitoso com o leitor. Pressuponho que haja uma inteligência e uma vontade de conhecimento de parte dele. E tem uma coisa que é muito perversa hoje em dia, e sobre a qual tenho falado, é que esse mundo de hoje com a internet é o mundo do prazer, um mundo onde o prazer predomina. Não que o prazer seja ruim, é ótimo. Se pudesse passar a vida tendo prazer ininterrupto eu passaria, mas há uma ideia de que você não deve contrariar o prazer do leitor, do internauta.

Tornar tudo agradável.

Por exemplo, na internet, o princípio do internauta é o do menor esforço. Não aceita ser contrariado, só vai ler coisas que lhe digam respeito, com as quais se identifica e está de acordo. Não quer conhecer nada novo, vai confirmar o que já conhece.

E se isso não acontece, as pessoas se tornam agressivas.

Claro, mas elas são agressivas a priori. Se escrevo um texto, o sujeito já me xinga sem ler. Isso é uma espécie de encorajamento do analfabetismo funcional, porque essas pessoas não têm compreensão de texto. Tem a coisa da rapidez, você lê e não tem tempo de entendimento, é um negócio que você supõe que leu mas não leu. E tem essa ideia de que você não contraria o leitor porque senão você perde o *like*, ele desliga e vai para outro lugar e você perde o leitor. O mercado editorial está cada vez mais baseado nisso, o que é chocante. Como se eles não tivessem nenhuma consciência do objeto que estão vendendo. Essa é a diferença da escola para a internet. A escola é o lugar do esforço, aprender física e matemática é um negócio totalmente não natural, que acaba com o seu prazer, e você tem que fazer um puta esforço. Isso é o princípio do alargamento do mundo, o entendimento não se alarga e você não cresce se não fizer esforço, e se você não unir prazer com esforço não vai a lugar nenhum. O que acontece hoje é que, por diversas origens, o mundo está afunilando e estreitando, e o prazer é que impera. Então é o prazer do leitor, o leitor em primeiro lugar e o que lhe dá prazer. É isso que temos que dar para ele. É o contrário da educação, da escola, do Iluminismo. É realmente o lugar do obscurantismo. E o estranho é que o mercado editorial todo funcione assim e que, por exemplo, uma editora possa me procurar aqui em Portugal e me dizer: estou interessada no seu livro, como é que ele está indo no Brasil? E eu perguntei: indo como? E ela disse: comercialmente. Nunca um editor poderia perguntar isso a um escritor. Foda-se como o livro está indo comercialmente, se o livro for bom, interessante, alargar o mundo — se fosse esse o princípio —, eu quero esse livro. Com o risco de perder dinheiro, porque eu não estou vendendo tomate, estou vendendo livros. Então é uma merda. Mas quando digo que não penso no leitor é um escândalo. Tem uma demagogia nisso, é um puta populismo, e a vítima é a literatura. O cliente é vítima também, porque você está criando um monstro.

Não se trata de dizer que as editoras não devem publicar literatura comercial, mas que não publique só isso?

Acho que tudo bem, conquanto que não exclua o outro. É o que se fazia antigamente. E o editor, se ele entrou no mercado editorial, é porque algum princípio iluminista ele tinha que ter. Eu vou publicar um Paulo Coelho para poder publicar dez James Joyce. Agora o problema é que o negócio virou, ele não pode perder dinheiro com nenhum livro.

Poesia então será o primeiro gênero a morrer.

Ao mesmo tempo tem uma proliferação de editoras independentes, tem a internet, e a poesia acaba aparecendo. O que acho é que o populismo não está acontecendo só na política. As artes estão muito mais retóricas, tem o negócio do politicamente correto. Você não está pensando em reflexão, você está pensando em ativismo e repetição de palavra de ordem, e isso é em tudo, vai da política à literatura, às artes. E nesse negócio todo vale a regra do que agrada ao cliente. Não tenho nada contra literatura porcaria, comercial — até gosto dependendo do livro —, contanto que não me exclua. Eu tenho que caber nesse mundo. Se o pressuposto da literatura comercial é eu não existir mais, é eu não caber nesse mundo, se para existir nesse mundo eu tenho que me esforçar para ser um best-seller, aí o negócio está errado, porque o cara do best-seller não está se esforçando para alargar o mundo — não que eu vá alargar, mas é isso que quero fazer.

Em *O sol se põe em São Paulo* o personagem principal, um escritor frustrado, se sente ridículo por ter escrito uma dissertação de mestrado em que defendia que a literatura pode ser

premonitória. Kafka, por exemplo, dizia que a literatura é um relógio que se adianta ao tempo. Você acredita nisso?

Não sei. Mas tem uma coisa que é estranha, acho que quando você começa a escrever há uma hipersensibilidade que o coloca num lugar de porosidade, e de repente parece que todo mundo está escrevendo a mesma coisa que você. Tem vezes que estou começando a escrever algo, um esboço, e vejo alguém publicar o que estou escrevendo, e bem-feito. Eu penso: porra, fez o que eu estava fazendo e melhor! Tem muito isso, aconteceu mais de uma vez de eu estar no meio de um livro e desistir porque alguém tinha feito algo parecido. É como se o assunto estivesse no ar. Por exemplo, no meu livro chamado *Teatro* há uma pessoa que envia cartas que carregam uma substância, um ato de terrorismo. Aquilo foi publicado meses antes do surto do antrax. Uma coincidência estranhíssima.

A matança na boate em Paris, em novembro de 2015, entra no *Simpatia pelo demônio*. Como aquilo foi parar na sua história?

Naquele momento eu já tinha plena consciência do livro, os personagens já existiam. E como o protagonista trabalha com essa coisa da violência no Oriente Médio, na África, tinha a ver com esse acontecimento. Quero dizer, tudo o que tem a ver com terrorismo passou a fazer parte do livro — a tal porosidade. Então aconteceu aquilo em Paris e incorporei na história.

A sua maneira de trabalhar é sempre assim sem plano, deixando-se levar pelo que aconteceu durante a escritura do livro?

Não, depende. Tem vezes que o final e o início estão prontos e só vou recheando a história. Acho que cada livro é um livro. Esse teve um processo muito particular que é o fato de ter sido escrito por um motivo pessoal. Tomei consciência do que eram as coisas que queria dizer ao longo desses anos, precisei desse tempo para entender o que eu estava passando, o que era essa crise, e também para entender a ideia de juntar a crise que o desejo provoca no íntimo com a questão pública, coletiva. Por exemplo, para mim, no caso do terrorismo, é claro que esses caras, com o pretexto de estar lutando por Deus, contra a opressão do Ocidente nas ex-colônias, estão mirando lugares que são muito definidos sexualmente, como boates gays.

Você fala da intolerância?

Não, não tem a ver com intolerância, tem a ver com uma dimensão da frustração do desejo. Por que ele atacou a boate gay se o negócio dele era Deus? Acho que tem uma grande dimensão pessoal em relação ao desejo, ao amor, e uma frustração em relação ao sexo. Isso me interessava, ou seja: quanto essa dimensão pessoal, individual do desejo influencia nas ações violentas? O que essa frustração sexual e amorosa acarreta na produção da violência?

Isso é uma preocupação recente sua, ou era algo que o acompanhava e agora você conseguiu levar para um livro?

Não é recente, mas acho que a crise de meia-idade faz com que o seu desejo, o seu sexo, o seu corpo piorem, e isso gera uma frustração das suas expectativas. O personagem do livro tenta renovar a vida na meia-idade com uma paixão adolescente, fora do lugar. Isso é claramente o resultado de uma frustração. Acho que ele está nessa porque tem uma consciência da perda, vê o desejo e o prazer no outro e está inconformado porque não tem mais aquilo.

E você acha que o terrorista também sente algo parecido?

Tem alguma coisa no terrorista que faz com que ver o prazer do outro seja insuportável. Não precisa estar na meia-idade para sentir isso, pode ser em qualquer momento da vida. Depende da maneira como a pessoa lida com o desejo, o afeto etc. Só que, esses caras, sendo educados numa sociedade muito restritiva...

Escrever esse livro ajudou a superar a crise?

Não, não é terapia, mas esse livro me ajudou muito a sair da crise porque eu dei um nome às coisas, e quando você dá nome às coisas fica mais fácil lidar com elas. Quando você escreve está buscando entender alguma coisa. Não se escreve para efeito terapêutico, senão o livro não teria motivo de existir, bastaria você se curar para jogar o livro fora. Acho que o entendimento talvez tenha acontecido antes, a consciência veio na hora em que entendi que tinha um livro.

E esse momento é angustiante? Isso de estar escrevendo sem saber bem por que e para quê?

Não, é um processo normal. Angustiante é você passar por uma crise em que você vê que o seu corpo não é mais o mesmo, angustiante é lidar com essas frustrações. E aí você pode escrever um livro ou matar cinquenta pessoas numa boate gay, você resolve. Não tem a ver com terapia, são objetivos diferentes. Eu poderia, de uma forma bárbara, animal, embrutecida, sair atirando para tudo que é lado ou escrever um livro. Mas essa diferença existe a priori, não é a literatura que salva. Eu já não sou o cara que vai atirar em todo mundo, porque quero fazer literatura.

Outro dia você dizia que achava muito bom viver, que mesmo quando tudo dava errado não perdia essa vontade de estar vivo. Foi difícil atingir essa paz?

Esse negócio de gostar de viver não tem nada a ver com paz ou espiritualidade, tem a ver com a vida. Vida não é paz, mas é bom. É disso que eu estava falando. O protagonista do livro também parte desse princípio e acaba se fodendo. É ambíguo. Ele não vai buscar a paz (tenta fazer isso profissionalmente), não vai buscar algum tipo de espiritualidade fora do mundo. Ao contrário, ele quer estar no mundo, quer viver, quer a paixão como na adolescência. É o contrário de religião, meditação, tranquilidade etc. É muito bom, mas pode te matar. É isso.

Valter Hugo Mãe: A companhia mais próxima está sempre na sala ao lado

Vila do Conde, outono de 2016

Crisóstomo sente como se lhe faltasse uma metade porque chegou aos quarenta anos sem ter um filho. A pequena Halla tem que aprender a conviver com a perda da irmã gêmea, um vazio impossível de preencher. Após um animal tirar a vida da sra. Fuyu, Saburo pendura o quimono da esposa no quintal e faz dele o símbolo dessa falta.

Esses personagens pertencem ao universo literário de Valter Hugo Mãe. Na trilogia *Filho de mil homens* (2011), *A desumanização* (2013) e *Homens imprudentemente poéticos* (2016), a ausência é personagem central, quer a história se passe numa vila de pescadores em Portugal, na Islândia ou no Japão. "Talvez porque no fundo todos os meus livros têm que ver com a questão da solidão, têm que ver com esta concepção que tenho de que de fato não nos podemos acompanhar ou não temos discurso para o entendimento", me diz o escritor em sua casa nas Caxinas, um bairro da pequena Vila do Conde, no norte de Portugal. "Não estou a ver que se cure a solidão", decreta. E mesmo assim escreve, na busca de diminuir um pouco a distância que há entre as pessoas. "O inferno não são os outros, pequena Halla. Eles são o paraíso, porque um homem sozinho é apenas um animal. A humanidade começa nos que te rodeiam, e não exatamente em ti", lê-se em *A desumanização.*

Nascido em 1971 em Angola, quando o país pertencia a Portugal, Valter Hugo Lemos passou a primeira infância em Paços de Ferreira (Portugal) e aos nove anos mudou-se para Vila do Conde. Em 1996 estreou nas letras como poeta. Em 2007, com o romance *o remorso de baltazar serapião*, ganhou o prêmio José Saramago, primeiro impulso para que o seu nome saísse de um restrito mundo de leitores e passasse a ser conhecido além das fronteiras do país.

Em outubro de 2016, a sua casa editorial portuguesa preparou uma grande festa para celebrar o lançamento do romance *Homens imprudentemente poéticos* e os vinte anos de carreira do seu autor. Foi quando tivemos esta conversa, num dia cinza e de chuva fina.

Tive a sensação de que você não estava muito confortável na homenagem aos seus vinte anos de carreira. Pareceu-lhe excessiva aquela celebração?

Não é que eu não me sinta bem, claro que me sinto lisonjeado com o fato de, por exemplo, no Porto 1300 pessoas terem ido ao lançamento do meu livro, mas ao mesmo tempo gera uma ansiedade grande porque fico ali gerindo a apresentação de um livro, quando na verdade o que eu queria gerir era a escrita de um livro.

Portanto, significa um cansaço, um gasto de energia grande.

Sim, estou cansado, não tenho conseguido dormir. À distância acho sempre tudo muito bem, mas quando entro na fase da divulgação dos livros, e vêm muitas entrevistas e saídas, fico limitado na minha solidão, naquele tempo que preciso para mim. Por exemplo, acordar ao meio-dia e só sair da cama às quatro, para ficar pensando, decidindo coisas e lendo. Gosto de começar o dia devagar porque não gosto da manhã, detesto o ar matutino das coisas.

O seu editor me contou que há épocas em que você desliga o telefone, não responde a e-mail, e pode ficar vários dias incomunicável. De alguma maneira você consegue se isolar, então?

Tenho que conseguir, não poderia escrever livros de outra maneira. É impossível ficar prestando atenção constante a tudo, sobretudo quando chegamos a um ponto em que as pessoas esperam de nós uma opinião acerca da vida sexual das pombas ou os efeitos do consumo de batata frita.

Na sessão no teatro você disse qualquer coisa como que o seu primeiro livro tinha sido uma publicação prematura. Por que acha isso?

Mais que prematuro, era uma merda. Não quero desclassificar a escolha da editora, da Elsa Ligeiro, que foi maravilhosa por ter publicado o meu primeiro livro, mas hoje, tendo em conta aquilo que pude fazer, o meu primeiro livro é muito mau, teria gostado de o editar mais tarde, gostaria que essa alegria me tivesse acontecido mais tarde. Mas claro que na altura faria tudo para que me acontecesse ainda mais cedo, há uma urgência na juventude que não tem muita paciência para juízo.

Eu me lembro de você dizer alguma vez que publicar um livro parecia uma coisa tão distante na sua vida como virar astronauta. Por quê?

Porque eu não conhecia ninguém, nada ao meu redor era literário. Vivia aqui neste bairro de pescadores, nada aconteceu durante a minha juventude até que aos dezoito anos fui a Madri numa viagem impensável ver um concerto. Não vi um escritor, um crítico, um editor, um jornalista, nada, não havia nada perto de mim que me fizesse pensar: esta pessoa é mais ou menos aquilo que quero ser.

Mas a leitura fez parte da sua vida desde pequeno, não?

A minha família não tinha hábito de leitura, não havia livros em casa. Tanto que o meu primeiro livro fui eu que comprei aos dez anos.

Lembra que livro era?

Lembro e o tenho aqui. [Levanta-se, vai até o armário, e traz um livro.] Aqui, *O segredo do Castelo do Terror*, Alfred Hitchcock. Vi o livro à venda numa papelaria e achei que me dizia respeito, fiquei impressionado, quis saber que terror seria esse, e comprei. Mas muito antes de ter este livro eu escrevia. Escrevia uns versos de crianças.

Pelo que conta, a sua infância não foi uma época muito feliz.

Foi muito triste... Talvez não tenha sido muito diferente da dos meus amigos, nem me parecia pior do que a dos garotos do meu tempo. Mas a minha infância, e sobretudo a minha adolescência, foi muito solitária nesse sentido de entender que crescia de uma forma sem espelho, parecia que não encontrava razão para eu ser tão distinto, tão sensível, e que não houvesse outras pessoas que lessem, que desenhassem, que pasmassem para uma imagem, um quadro, uma fotografia, como eu pasmava. Não tinha com quem partilhar nada.

Você costuma dizer que sentia que nessa época tudo demorava...

Era. E que eu precisava de esperar, de que se acontecesse alguma coisa interessante comigo talvez fosse muito depois de todas as coisas evidentes. Então era o que eu fazia, esperar.

E desde pequeno a literatura foi um refúgio?

Na adolescência sim. Comecei a ler, obviamente, primeiro os livros de crianças, de adolescente, mas muito rapidamente passei a ler Kafka e mesmo as coisas portuguesas que foram fazendo sucesso. Isso foi muito mudador. Sobretudo inspirava-me para uma existência mais densa, mais profunda, como se os livros fossem as pessoas com quem eu melhor poderia conversar, que passariam mais perto das conversas que gostava de ter.

Em que momento você encontra alguém com quem podia conversar sobre livros, uma pessoa que o pudesse aconselhar e ouvir as suas impressões?

Havia uma moça, entre os meus dezessete, dezenove anos, que me aconselhava livros. Gostava muito dela e lia livros por amor. Ela era muito ligada aos clássicos e aos sucessos mais inescapáveis, mas acho que verdadeiramente alguém que soubesse de que lado do mundo é que estou, alguém que soubesse aconselhar-me um livro por saber quem sou, só a partir dos trinta anos.

Li uma entrevista em que você dizia que, desde pequeno, colecionava palavras.

Ficava fazendo uma espécie de listas de preferências, a minha palavra preferida, a segunda palavra... E era muito angustiante porque encarava as palavras como conscientes de mim, como se elas pudessem ficar felizes ou tristes com as minhas decisões. A minha palavra preferida era sempre a mesma: "pirilampo", porque eu adorava os pirilampos. Achava uns bichos absurdos de incríveis, era sempre a minha palavra preferida. Creio que uma ou outra vez mudei a escolha, dizia: talvez hoje pudesse ser outra. Mas depois achava que era uma palavra que tinha trazido tanta magia à minha vida que não podia nunca esquecer aquela estupefação. Guardava palavras porque achava que se não tomasse nota poderia esquecê-las ou, pior, poderia não lhes agradecer o suficiente por existirem para mim.

A maneira como você usa as palavras não é, digamos, a mais convencional, é quase como se estivesse permanentemente fazendo esse jogo de querer usar aquelas de que gosta muito...

Naquela época eu ficava querendo usar as palavras que colecionava. Pensava: hoje ainda não disse aquela palavra. Então as pessoas não tinham perguntado nada e eu de repente dizia: "Será que esta noite os pirilampos vão voar?". Era apenas que eu queria dizer a palavra, como se quando as dissesse elas se tornassem uma realidade, e me pertencessem, fossem uma dimensão minha. Como se em última análise ao menos as ideias fossem uma companhia e isso era fundamental para mim, por isso evocava as coisas para me sentir rodeado delas, assistido por elas, para me sentir acompanhado. E hoje continua a ser assim. Os livros continuam a ter esse estranho objetivo de preencher os espaços vazios. Aliás, se olhares para a minha casa [aponta para as paredes cheias de quadros e para as estantes cheias de porta-retratos e objetos] verás que não suporto a sensação de desocupado.

Dizia, há pouco, que houve um momento da sua vida em que as coisas começaram a mudar. Isso foi quando?

A minha vida tem umas fases, mas, sobretudo enquanto autor, é a partir dos meus trinta anos que começo a encontrar uma espécie de justificativa literária, mais do que pessoal, para as coisas. Mais do que pensar: isto vale porque é melhor do que escrever um diário, ou ter feito uma viagem e ela ficar guardada num poema. Mais do que estar a guardar memórias, a partir dos trinta sinto que chego a um discurso que se justifica sobretudo pela pura literatura, pelo pensamento, como se fosse uma coisa que se autonomizasse de mim, que já não dependesse de mim, que já não fica vulnerabilizada por eu falhar ou por ser quem sou, e talvez seja o momento fundamental para mim enquanto autor.

Mas quando é o momento em que você percebe que é através da literatura que você vai encontrar o que procura?

Acho que no fim da universidade, aos meus 22, 23 anos. Não tinha qualquer perspectiva de publicação, mas a ideia de vir a ser advogado, ou juiz, já me eram ideias falhadas. Ainda não tinha acabado o curso de direito e já sabia que estava a falhar, que aquilo não daria certo.

E não conseguia imaginar uma alternativa?

Meus pais pagavam caro para eu poder estudar, e tinha que justificar, agradecer aos meus pais por aquele investimento. Até era bom aluno, aplicado, mas pelo meu terceiro ano comecei a perceber que não ia dar certo, não ia trazer felicidade, aquilo não era uma coisa que pudesse servir para que eu fosse melhor pessoa. Ia ficar fodido se tivesse de ser advogado, aquilo ia fazer de mim uma pessoa horrível. E nessa altura comecei a escrever mais ainda. Traduzia todas as coisas — e por isso, muito diferente do que aconteceu depois dos trinta —, todas as vicissitudes da minha vida viravam um poema, como se quisesse aprisionar os problemas na poesia e a partir daí eles estariam à minha mercê. A poesia era a teia do Homem-Aranha, ficava tudo debaixo da minha prisão, precisei de fugir. Mas faço o curso inteiro, faço o estágio enquanto advogado estagiário, e quando, no desespero profundo — não foi nada fácil —, falo aos meus pais que não quero ser advogado, que não vou fazer aquilo, que não sei o que farei mas que aceitarei qualquer emprego desde que não me obrigassem a ser advogado, na minha cabeça, sem que pudesse confessar, estavam os poemas. Pensava que minha vida com muita facilidade seria perfeita, era só deixarem-me escrever poemas. Em troca de qualquer prato de sopa, se pudesse viver dos poemas minha vida seria perfeita.

E agora você vive dos poemas...

Mas a minha vida não é perfeita. [Risos.]

E o que falta?

Não sei, não sei. Agora falta-me tempo, e tem a idade, dói-me as costas, tenho reumatismo, estou careca, já tive uma infecção urinária, que é uma coisa horrível, não aconselho a ninguém. São assim coisas que nos apanham de surpresa e que já não conseguimos equilibrar. E depois, perdemos as pessoas. Quando de repente alcançamos um sonho também já chegamos a um pesadelo qualquer, por isso à medida que realizamos os sonhos também realizamos os pesadelos. A vida vai ser sempre assim uma confusão de sentimentos. A sensação que tenho da vida é que no momento em que alguma coisa cresce há sempre outra que falha, como se verdadeiramente a cada passo que damos houvesse uma dimensão de nós que recua, que caminha em outra direção ou que é obrigada a caminhar numa direção que não queremos.

Mas aquela sensação de fracasso que você sentia na adolescência já não o visita, verdade?

Mas não passa totalmente. Um amigo meu diz que o que gosta verdadeiramente nos meus livros é do fato de pressentir que escrevo para fracassar, porque os livros nunca lhe parecem a receita mais adequada para fazer sucesso, fica sempre espantado com o fato de eu aparecer com um livro que não tem condições de vender. E não sei se a minha postura não é de algum modo até abusiva, como se eu quisesse ser devolvido a esse tempo primeiro de uma falha constante, ou de um adiamento.

Quase como se o seu sucesso fosse um erro que você tem que reparar.

Como se fosse algo a que não posso habituar-me e que não reconheço, não consigo reconhecer cabalmente o sucesso. Não sei, talvez o fato de continuar a viver no mesmo lugar, distante de onde está o Poder, de onde se mexem as influências, de onde se decidem as coisas, de que aqui continue a não haver escritores nem livrarias nem coisa nenhuma, talvez isso me devolva sempre a uma sensação de vida destituída dessas maravilhas. Por isso, reconheço essas maravilhas, mas muitas vezes me dá a sensação de que é algo que fui assistir mais do que protagonizar.

Não acha estranho que os seus livros vendam tanto?

Acho. [Risos.] Porque os meus livros não são óbvios, não são imediatamente divertidos, não são os mais fáceis, não são lineares, são profundamente intuitivos, apelam a uma inteligência profundamente improvável. Acho que se calhar, quem se julga um grande leitor ou um grande crítico talvez julgue que não pode haver tanta gente assim que comungue das suas opiniões, e por isso alguma coisa que seja boa e que dê certo eventualmente tem que ser má, passa a ser má.

É uma certa soberba de um grupo que acha que seu gosto é tão refinado que, se algo se populariza, já não pode ser bom.

Mas a verdade é que a história eventualmente prova o contrário. Se virmos bem, o mais celebrado dos compositores é Beethoven, que de simples e fácil não tem muito. Ou Bach, ou Mozart, que foi um gênio absoluto. E na literatura acontece o mesmo, Fernando Pessoa tem uma complexidade tremenda e hoje em dia tem a cara dele nas toalhas de chá, caderninhos, camisetas, tudo. Está mais popularizado do que o Galo de Barcelos, está assimilado.

Nos seus últimos três livros, a ausência, a falta de alguém, é personagem. Isso é premeditado?

Não é algo que pudesse prever, são coisas que me fascinam. Talvez porque no fundo todos os meus livros têm que ver com a questão da solidão, têm que ver com esta concepção que tenho de que de fato não nos podemos acompanhar ou não temos discurso para o entendimento. E isso é exatamente o que penso da tragédia humana, da desgraça de ser gente, que é iludirmo-nos com a capacidade de falar mas nem sempre estarmos conscientes de que falar não é suficiente para que nos entendamos. Tenho a sensação de que, num patamar de rigor, ninguém se entende, e por isso não há companhia. E os meus livros são todos acerca dessa ideia distópica de não sermos companhias uns para os outros. E por isso lidamos sempre, nos meus livros, com uma necessária e identitária solidão. Não estou a ver que se cure a solidão.

Dulce Maria Cardoso conta que vez ou outra recebe a visita dos personagens dos livros. Acontece com você?

O que acontece é que há uma mistura, uma contaminação da nossa realidade com a fantasia. E as personagens que inventamos viram umas espécies de padrões comportamentais, às vezes éticos ou morais. Como se perante um determinado desafio, uma situação da vida, pudéssemos ponderar acerca do que é que as personagens decidiriam ou diriam. Como se eu suspeitasse ter inventado uma personagem para ponderar sobre esses assuntos que, mais cedo ou mais tarde, acabam por tanger a minha vida.

Quase como se fosse um ensaio...

É, o livro acaba por ser um ensaio, por ser de fato uma espécie de previsão, uma preparação. Então em muitas situações sei que até digo aquilo que as personagens dizem e às vezes percebo que digo aquilo que elas deviam ter dito, e por isso fico frustrado porque penso que afinal, perante a situação concreta, o que faria sentido era isto, o juízo era assim. Os livros contaminam, eles ficam.

Depois de escrever *A desumanização* você tatuou uma palavra em islandês. Cada livro deixa uma marca? O que você guarda de cada livro?

Sim, sobretudo muda a nossa postura em relação à vida. Falo por mim, os meus livros são muito meditativos, no sentido em que eventualmente é mais importante o pensamento que contêm do que propriamente o resultado da trama. E por isso nunca me foi muito interessante escrever livros para casar donzelas, não é isso que me faz correr por um livro. São modos de pensar, e então todos eles acabam por influir categoricamente no modo como penso. São maturações do pensamento, são mudanças, são estágios. Por vezes possibilitam o abandono de alguns medos ou de alguns anseios. A verdade é que ao fim de sete romances sinto que não sou a mesma pessoa, conservo o radical mas não sou exatamente a mesma pessoa que fui, porque há uma conquista. Aquilo que mais se conquista é, inclusive, a capacidade de perder. Talvez seja o que mais vou aprendendo, ou o que mais sobrou deste tempo, a capacidade de perder, e isto é uma conquista.

Parece que nos seus livros a história é cada vez menos importante, como se cada capítulo e até cada página se bastasse. É uma volta sua à poesia?

Estou cada vez mais a usar a poesia, no sentido em que de fato me interessam as ideias e muitas só são atingidas através de uma maior elasticidade do vocabulário, da linguagem, da sintaxe. Só quase chegando a outro idioma é que vamos poder almejar alcançar um maior entendimento, porque dentro daquilo que já está criado a solidão não foi eliminada. Por isso é preciso criar algo mais, estender largamente os limites da linguagem para que possamos talvez estender a sensação de companhia.

Os seus primeiros livros se passam em Portugal e agora está cada vez a ir mais longe, por quê?

Sinceramente não é tanto o desejo de tentar entender como é que são os japoneses ou os islandeses. Embora isso seja um dos desafios dos livros, é um desafio quase técnico, porque a minha ideia não é antropológica, não me interessa descrever nem os hábitos, nem conservar a memória japonesa — não competiria a mim nem seria a pessoa mais indicada para o fazer. O que tem motivado esse deslocamento ou esse nomadismo passa exatamente por ansiar por uma visão potencialmente universal do homem e tentar entender se a partir de outros pontos de vistas, de outros referenciais culturais, se torna mais clara uma determinada ideia. Tentar entender se uma determinada concepção do homem, sobretudo uma proposta para o futuro, não pode ser melhor observada a partir de um ponto de vista distinto, de um referencial cultural distinto.

Acha que a solidão de uma pessoa na Islândia ou no Japão pode ser diferente de alguém aqui em Portugal?

Pode. Sobretudo no modo como se sustenta, ou no modo como magoa ou não magoa, como dói ou não dói. O islandês, por exemplo, como eventualmente o japonês, espiritualiza demasiado os elementos naturais, e por isso dificilmente sucumbem a uma solidão profunda porque na verdade não se concebem como sós.

Veem a natureza como uma companhia?

Exatamente, os elementos, o vento, o próprio corpo da Islândia é pensante, como se diz n'*A desumanização*, há uma expectativa de uma inteligência animista, e o Japão também com o xintoísmo é profundamente animista. N'*A desumanização*, a lagoa, e nos *Homens*, a floresta, é quase alguém. Para alguém aqui das Caxinas, se falhar a luz elétrica a solidão é profunda, imediatamente não há uma salvação para essa falha, para essa ausência de uma coisa que nem sequer é alguém. Falhar-nos algumas coisas atira-nos para uma sensação de solidão insuportável. Quando adoto o Japão para contar esta história ou para ter este pensamento, interessa-me muito observar num tempo como é o de hoje, de fáceis inimizades e de até largos extremismos e de uma radicalização profunda de praticamente todos os cidadãos, como o Japão progride de uma sociedade bélica, de uma sociedade de confronto contínuo, longos séculos de história de antagonismo e de encerramento sobre si mesma, para uma cordialidade absolutamente admirável. E por isso, aquilo que tenho chamado de uma inimizade educada, que é o que vejo o Japão a conquistar, a conseguir, é o que acho que nós precisamos.

Você me disse que recebeu um convite para passar um tempo numa aldeia de pescadores na Bahia e que tem muita vontade de escrever um livro por lá. Por que o atrai essa possibilidade de isolamento?

Porque acho que preciso de entender as pessoas no começo, e esses lugares pequenos são muito o começo das coisas. Se reparar, nos meus livros o trabalho dos personagens é eminentemente braçal, físico. Trabalhar tem essa dimensão quase de sobrevivência, e acho que isso acontece porque preciso de recuar ao começo de tudo como se estivesse a propor uma nova oportunidade, um recomeço. É uma tentativa de regressar às essências e ponderar acerca daquilo que verdadeiramente nos define, que faz parte inelutável. E então, partindo do que não é possível corrigir ou mudar, de que maneira é que nós podemos propor um coletivo outra vez.

Você tem uma espiritualidade, não tem?

Estive na Bahia há pouco, me perguntaram isso e respondi assim: começo a achar que religião tem que ser uma coisa que seja boa para mim, se for algo para me entristecer, para me culpar ou me fazer mal, estou fora. Religião tem que ser mais próximo da festa, uma alegria. Acreditar em alguma coisa, em Deus, deuses ou santos, tem que ser mais perto da alegria, senão não vale a pena.

E você tenta explicar a sua espiritualidade?

Tento, mas sei que estou cada vez mais confuso. É cada vez mais difícil arranjar uma justificação para o fato de ter cristos na minha casa em todo lado. Mas começo a achar que a minha espiritualidade é puramente uma celebração humanista da vida, como se eu e os outros fôssemos verdadeiramente a transcendência e por isso não estou à espera que Deus se pronuncie. Eventualmente estou à espera que os homens, que a humanidade se pronuncie, tomem uma decisão que seja de categoria divina.

Uma vez você me disse que gostava de pensar que os seus livros o obrigam a tentar ser uma pessoa melhor. Acha que pode ajudar também os leitores?

Acho que a leitura dos livros nos muda, nos convida a um pensamento mais profundo. Ler não faria sentido se não fosse para isso ou se não nos oferecesse essa aventura de um aprofundamento do que somos e das capacidades que temos, sobretudo da resistência, por exemplo, em relação às perdas. Todos nós vamos perdendo até perder tudo, por isso, por mais que tenhamos a ilusão de estar a ganhar ou conquistar alguma coisa, o que verdadeiramente interessa conquistar é a capacidade de perder. E quem não ler eventualmente aprenderá isso mesmo que não queira. Nesse sentido, ler é sempre uma vitória, uma pessoa pode achar que está apenas passando o tempo ou procurando saber se a donzela casa no fim, mas se estiver a ler bons livros talvez aprenda a perder. E talvez faça da vida um percurso menos desesperado.

Há quem encontre na religião essa ferramenta para lidar com as perdas. Mas a literatura também pode exercer esse papel, não acha?

A literatura para mim tem essa função profundamente espiritual, não serve senão para isso, exatamente para que eu seja dotado de uma capacidade de ser sempre muito mais do que poderia esperar ser. A gente não escreve para se manter quem é, nem para positivar o que sabe. A gente escreve para encontrar ou descobrir aquilo que não sabe. Não valeria a pena criar uma ficção sobre moços e moças se não fosse para o jogo dessa ficção me possibilitar alcançar alguma coisa que não existia antes e entender alguma coisa que não entendia antes, porque se eu tiver entendido não preciso nem escrever.

E esse processo, você sente isso no momento em que está escrevendo o livro?

Claro, da pura transcendência. De constantemente parar e ficar atônito perante o texto e pensar como é que isto aconteceu? É uma sensação de pura revelação. É muito incrível porque de repente a gente sente essa epifânica companhia. Eu não tinha qualquer previsão para esta frase, esta ideia, ela apareceu e é como se subitamente houvesse uma alteridade com essa coisa abstrata que não é ninguém, que somos nós quando sujeitos a um processo de meditação. E, tendo eu dito que não há uma comunicação com os outros e não há uma companhia, a verdadeira comunicação e a melhor das companhias é quando conseguimos perceber que dentro de nós existe talvez a ideia que precisamos.

Tenho ouvido muitas escritoras e escritores dizerem assim: escreve-se sobre o que não se sabe e escreve-se para descobrir, você concorda?

É como se verdadeiramente eu escrevesse nesta sala pressentindo a sala do lado, não posso ver a sala do lado. Escrever literatura tem que ver com essa sensação, não estou lidando com as evidências, estou lidando sobretudo com a minha capacidade de pressentir e intuir o que poderá ser evidente do outro lado. É porque na verdade o livro existe, mas nunca vai ser uma coisa concreta diante de nós. O Itaro [personagem de *Homens imprudentemente poéticos*] nunca vai bater na minha porta, por isso nunca vou poder discutir com ele as decisões que ele tomou. E por isso o Itaro vai ser para sempre, por mais que o livro possa ser um objeto que outras pessoas o percorram, vai ser sempre alguém que habita a sala ao lado que nunca poderia visitar, que nunca poderei ver. Ele vai ser sempre um habitante desse espaço, que tem que ver com o nosso pensamento e que sobretudo se concretiza um pouco no livro, e interfere na minha vida, e por isso existe para mim, mas vai ser sempre alguém dessa dimensão paralela que nunca poderei verdadeiramente vislumbrar.

Mas ainda assim para você é o mais próximo de uma não solidão que...

Que a gente possa conseguir. É, é como se a companhia mais próxima que tivéssemos estivesse sempre na sala ao lado.

Mia Couto, o tradutor de dois mundos

Lisboa, primavera de 2017

Mia Couto abre a porta da casa e lá no fundo da sala, vindo de um laptop aberto sobre o sofá, quem dá as boas-vindas é a voz e o violão de Caetano Veloso. Pergunta se quero um café, mas antes que eu responda, um pouco sem graça, confessa que não sabe como usar a máquina da casa e me oferece uma coca-cola. Desliga o computador, aponta para a mesa onde conversaremos e pede desculpa pela desordem. Explica que aquele apartamento em Lisboa fica fechado boa parte do ano, já que vive em Maputo. A filha ocupou-o durante o tempo em que fez faculdade, mas ela voltou para Moçambique e agora a residência serve como base para as muitas viagens que ele faz à Europa. Desta vez os compromissos são em Londres, em Leipzig e na capital portuguesa.

Talvez a primeira experiência literária que criou na vida foi, ainda criança, ter se autoapelidado Mia, por conta do seu amor pelos gatos. Aos catorze anos viu publicado o seu primeiro poema. Entrou na faculdade de medicina, abandonou o curso por motivos políticos — envolvido com a independência do país — e hoje é um homem ligado à terra, assim como os seus versos e a sua prosa.

Costuma usar o verbo "estar" para definir-se como escritor. Ainda assim, desde que em 1992 publicou *Terra sonâmbula*, seu primeiro romance, cada vez mais os livros e os afazeres da vida literária tomam conta da agenda deste homem nascido em 1955 na Beira, cidade de uma Moçambique então colônia portuguesa.

Entre diversos galardões recebeu, em 2013, o prêmio Camões. *Terra sonâmbula* foi considerado um dos doze melhores livros africanos do século XX. Entre contos, poesia, crônicas e romances, tem mais de trinta títulos publicados. Conta, e se diverte ao fazê-lo, que a vastidão da sua obra provocou uma situação engraçada há uns anos. Certa vez uma menina moçambicana de sete anos, após comentar que tinha visto muitos títulos com o seu nome numa livraria, quis saber: "Você tem uma fábrica de livros em casa?".

Nunca fui a Moçambique. Se pedisse para me contar que lugar é esse onde você nasceu e vive, o que me diria?

Estou habituado a esse desconhecimento e para mim é até vantajoso porque invento logo uma cidade, um país que não há, sem risco de ser confrontado. Minha cidade de infância — e essa é a cidade da nossa vida inteira — já não existe. Era pequena, tinha talvez 50 mil habitantes dos quais a grande maioria de gente negra de várias etnias. Portanto era uma cidade que tinha várias raças, bastantes chineses, indianos, mestiços, brancos... e os negros tinham uma certa relação conflituosa entre eles, por disputa de emprego, por casos históricos mal resolvidos. Então era uma coisa muito interessante porque ao mesmo tempo que era uma cidade que parecia muito acolhedora na superfície, que recebia muito bem, bastava raspar um pouco e percebia-se que existiam ali conflitos, uma situação de injustiça racial enorme, com uma tensão dentro da elite dominante portuguesa porque não conseguia arrumar a cidade tal como tinha feito nos outros espaços urbanos. A cidade era um pouco selvagem, foi construída em cima de um pântano, então o plano que tinha sido desenhado não se podia aplicar na realidade. Havia bairros, como favelas, chamados indígenas, e nunca foi possível empurrar, afastar a África para fora daquele espaço, ela sempre esteve metida naquele território. Para mim na infância isso foi ótimo porque foi uma aprendizagem dessa diversidade.

E sua família pertencia ao que se poderia chamar de uma elite branca privilegiada?

Sim, bastava ser branco para ser privilegiado, mas a minha família não pertencia a essa maioria dos outros colonos. Saíram daqui no princípio dos anos 1950, forçados a deixar Portugal por razões políticas. Ao contrário da maioria dos colonos, que eram ou funcionários do Estado, dos Caminhos de Ferro, ou agricultores, ou militares, o meu pai era jornalista. E isso nos marcou, havia um estigma na infância, um peso por sermos os que "gostávamos dos terroristas".

Nunca foi um conflito a questão de ser moçambicano? Sempre se sentiu de lá?

Não, na minha infância e adolescência essa questão não se colocava assim. Ela praticamente só se colocou a partir dos anos 1964, 1965, com o nascimento do movimento da libertação. Colocava-se mais a questão de quem era racista e quem não era, quem convivia bem com raças diferentes e quem era fechado. Depois, na adolescência, isso colocou-se, mas sequer foi objeto de um pensamento, de uma escolha "eu vou ser". Eu era, a vida escolheu por mim, não foi mérito meu. Também os meus pais nos explicavam: esta é outra terra, é a terra onde vocês nasceram e não é Portugal.

Eles ficaram lá depois da independência também?

Sim, eles tentaram vir duas vezes para Lisboa. Decisão definitiva. Ficavam aqui três, quatro meses e voltavam, não conseguiam.

O que Moçambique significa na sua vida?

Acho que encontrei em Moçambique essa família que eu andava à procura. Além dos meus pais, dos meus irmãos, da minha família de sangue — não gosto desse termo, mas falo da família biológica que tenho e que não é pequena —, eu precisava de uma família maior. Precisava ter esse sentido de espaço, de pertença, eu era filho de imigrantes e tinha uma percepção vaga de que tinha outro passado. As raízes que ganhei eu ganhei porque as criei, porque era preciso atravessar a rua para chegar aos meninos de outra raça, de outra cultura. Tinha que conhecer outras línguas, nada disso me surgiu como natural. Então digamos que fui uma árvore que tive que procurar raízes longe, e isso não foi vivido como um drama, foi vivido como um gosto. Não fazia isso em desespero.

Para uma criança isso não é traumático, verdade?

Acho que estamos feitos para aprender idiomas. E estamos feitos para ter identidades plurais, acho que todos somos feitos para sermos vagabundos, visitantes dos outros.

Uma vez escutei você dizer que não conseguia se imaginar vivendo num país cuja língua não fosse o português...

Sim, isso para mim é importante.

Quando vai ao Brasil ou vem a Portugal sente que pertence a esse espaço?

Sim, de alguma maneira sinto-me em casa. Pode ser outra casa, mas é sempre no meu bairro. Vou visitar a casa de um vizinho.

Não é um território estranho.

Não. Foi curioso, há uns cinco anos tive que ser sujeito a uma operação cirúrgica. Era algo muito leve, tive que tirar a vesícula, e podia ter feito na África do Sul, que tem bons hospitais e uma boa cirurgia. Era mais barato e mais rápido, ia de carro e vinha de carro, em uma hora estava em casa, e pensei: nunca acordei de uma anestesia. Para mim era acordar de uma outra vida e nunca pude imaginar que faria isso numa outra língua, sabes? Eu queria que aquela primeira pessoa que me achegasse falasse na minha língua. Decidi fazer aqui em Portugal.

Quando olho para a sua obra, tenho a sensação de que há muito mais história coletiva do que história pessoal sua, tenho dificuldade em encontrar traços muito autobiográficos. Faz sentido o que estou dizendo?

Tem sentido. Quando há algo de autobiográfico eu próprio só descubro depois. Por exemplo, no livro *Antes de nascer o mundo*, este menino que está aí, que vivia calado e afinava os silêncios, no fundo acho que eu era essa criança. Mas me dei conta depois, quando estava a escrever, que pensei: acho que estou a falar de mim. Mas acho que a minha vida não tem interesse para me colocar como personagem, não sei fazer isso.

Ainda sobre *Antes de nascer o mundo*: nesse livro, cada capítulo abre com um poema e são sempre de mulheres. Foi feito de caso pensado ou foi uma coincidência?

As duas coisas. Não acho que faça uma militância consciente. Vou fazendo o livro sem ter intenção. Não penso: agora vou fazer um livro a favor da emancipação da mulher. Quando me dou conta está lá. Gosto das epígrafes porque elas trazem outras vozes e gosto de uma escrita com vozes plurais, em que o narrador fica perdido no meio dessas vozes. No fundo, é o que posso fazer com mais verdade porque sou assim, ando perdido no meio da prosa à procura de algum rumo. Portanto aqui há mais um elemento de entrada, mais uma porta para a entrada de outros. E quando me dei conta a maior parte dos poemas que abriam os capítulos era de mulheres, então pensei: agora vou procurar mesmo, e no final acabou por ser uma procura de vozes femininas.

Você diz que foi sempre calado. A literatura foi o caminho para se expressar?

Sim, a poesia sempre foi uma possibilidade de construir um mundo paralelo. Eu era muito tímido quando comecei a me interessar pelas meninas, naquela idade dos catorze anos, era incapaz de me aproximar, de dar o primeiro passo. Então fazia só para mim, por escrito. Tinha mil namoradas no papel e nenhuma na vida real. Mas aquilo, o sentido de realidade que essa ilusão trazia, dava-me quase tanto prazer como a própria vida. E descobri que valia a pena inventar.

Era uma companhia...

Sempre foi uma companhia.

E os livros, quando eles começam a fazer parte da sua vida? Conhecer autores e se espelhar neles...

Foi através da poesia, o meu pai tinha muitos livros. A minha mãe tinha até uma relação difícil com isso, porque numa altura o meu pai, por razões políticas, foi despedido, ficou desempregado, e vivíamos com muita dificuldade. Mas mesmo assim meu pai trazia, quase clandestinamente, um livro para casa e me dava. Mas [o início] foi sobretudo com a poesia, e alguma poesia brasileira, o meu pai era aficionado a alguns nomes como Cecília Meireles, Manuel Bandeira, Drummond. E poesia portuguesa também, espanhola, francesa... Fui um leitor sem que o meu pai me empurrasse, ele deixava que acontecesse. Às vezes até dizia: deixa o livro e vai brincar. E estreei também na poesia.

Mas mostrava para ele o que escrevia?

Mostrei quando tinha treze, catorze anos, e um dia ele fez uma coisa terrível para mim. Pegou dois poemas meus e, sabendo que eu nunca daria a autorização, publicou num jornal. Foi a minha primeira publicação e fiquei muito zangado com ele.

E já foi publicado como Mia Couto?

Sim. O poema se chama "Poema ao meu pai", foi um dos primeiros que fiz. E aconteceu ainda uma coisa mais grave. Vivíamos naquela pequenina cidade que não tinha laços quase nenhuns com o mundo e então veio de Portugal uma declamadora fazer um recital de poesia. E a senhora, no fim do recital, disse que tinha lido no jornal o poema de um menino e que o ia ler. Quase que morri, ninguém sabia quem eu era, mas achava que toda a gente estava a olhar para mim, queria bater no meu pai. Acho que se não fosse esse empurrão eu não teria coragem de publicar, falei isso para ele. Escrever acho que escreveria, sempre, mas publicar era uma coisa que precisava de coragem.

Quando entrei estava tocando Caetano. A música é importante na sua vida?

Absolutamente fundamental. Talvez a ligação seja esta: venho da poesia e a poesia é a irmã gêmea da música porque a poesia só funciona se evoca essa cadência, esse embalo que está dentro de nós. Aliás, nós é que estamos dentro desse embalo, porque nascemos nesse embalo da água, estamos dentro de um ventre, que está rodeado de água, e ao 25º dia da tua existência como feto já escutas um coração a pulsar. Então o compasso é a primeira coisa, é a música. Acho que a poesia vai buscar esse sentido de embalo, sabes? E se ela não tiver isso ela não é bonita. Acho que sou um músico falhado, o que eu queria ser era músico.

A musicalidade é algo consciente? Digo, às vezes você muda frases, altera palavras nos romances por causa do som?

Todo escritor é, sobretudo, um reescritor. Estou todos os dias reescrevendo os meus textos. E às vezes mudo só um pequenino apêndice da frase porque soa melhor, quando escuto acho que ficou bem com aquela alteração, como se fosse uma música. No final, estou escrevendo uma partitura.

***Terra sonâmbula* é o seu primeiro romance. Enquanto escrevia tinha noção de que estava prestes a inaugurar um mundo, um espaço literário próprio?**

Não. Quando escrevi *Terra sonâmbula* aquilo era como um náufrago que chega a uma ilha e respira, porque estávamos numa guerra e havia um desespero enorme. Foram dezesseis anos de guerra, não posso explicar isso. Acho que hoje não poderia passar sequer dezesseis dias como os que vivi. *Terra sonâmbula* é de 1992 e a guerra terminou em 1992. Comecei a escrever em 1990 e foi o único livro que escrevi de uma maneira sofrida, porque era uma resposta a um momento de desumanização profunda que já me atingia também. Precisava de resolver esse convívio que era impossível com os meus amigos que morreram, com os meus colegas que foram assassinados. Foi uma coisa terrível, ia dormir e era visitado, apareciam-me ideias e vozes e eu ia para o computador e uma hora depois estava completamente exausto, voltava para dormir. E uma hora depois estava a ser convocado outra vez. A Patrícia, minha mulher, é médica. E eu pedia a ela: dá-me qualquer coisa para dormir, para não ser acordado mais. Não queria ser despertado. E foi assim que o livro nasceu, foi meu único livro que foi sofrido.

E o livro e a guerra terminaram praticamente juntos, não foi?

Foi uma coisa curiosa, eu dizia a Patrícia que aquilo não podia ser um livro, porque tinha a ideia convicta de que nunca poderia escrever um livro sobre aquela guerra a não ser que aquela guerra tivesse terminado. Só sentado em cima da paz posso olhar para esse passado da guerra, eu pensava. E aquilo contrariava toda essa grande certeza que eu tinha, mas depois começaram a aparecer os primeiros sinais de que havia negociações para a paz. E portanto fechei o livro já com um acordo de paz a ser negociado.

Quando ele foi publicado já teve um impacto ou foi algo que demorou?

Teve algum impacto, mas não foi logo. Lembro de uma coisa que me surpreendeu. Naquela altura não havia os e-mails, enviei o original e não tive resposta logo. O Zeferino Coelho, meu editor, foi me receber ao aeroporto quando vim a Lisboa um tempo depois, antes de o livro ser publicado, e disse-me: você não sabe o que é que fez. Tenho muita confiança no Zeferino porque quando ele não gosta não gosta e diz. E vi nele uma tal comoção, uma tal excitação, que pensei: se calhar fiz uma coisa que não tomei a dimensão. Mas ainda hoje quando olho aquele livro penso naquilo como uma coisa meio delirante, talvez porque eu estivesse no limite. É o livro que tenho mais receio de reabrir, não vou lá. Normalmente não releio muito o que faço, mas esse é particularmente difícil.

Ainda escreve quando tem insônia? Isso continua a acontecer?

Continua, mas não daquela maneira. Porque acordava em sofrimento, acordava com essa gente… Os mortos que aparecem nos meus livros podem ser qualquer pessoa, são inventados, são inspirados em qualquer coisa. Mas no caso de *Terra sonâmbula* era gente real, gente que conheci. Alguns dos meus maiores amigos foram mortos na guerra, e foram mortos de uma maneira bárbara.

Costumas dizer que não é escritor, que está escritor. Isso significa que um dia poderia deixar de escrever?

Sim. O que provavelmente não conseguiria ter prazer de viver era deixando de ter uma relação que seja criativa com a vida, que seja inventada, que seja respeitosa com a realidade a ponto de me sujeitar ao bom senso. Isso não, nunca serei capaz de fazer.

Mas não gostaria de que a literatura fosse uma profissão no sentido de sentir-se obrigado a escrever.

Não, por um respeito que tenho do que é a escrita. Essa é uma construção que faço para mim, não que pense a literatura dessa forma, mas o que faço quando escrevo é uma coisa que está fora do mundo, faz parte da minha ilha que construí e que não quero que seja atingida pela mundanidade, por essa coisa do cotidiano.

O que é que a literatura lhe deu?

Acho que me deu uma outra vida, deu-me várias vidas, fui tanta gente... Porque acho que não consegues escrever se não fores outros, eu pelo menos não consigo. Então todos esses personagens que estão ao longo nos meus livros dão-me uma imensa gratidão porque vivi muitas e diferentes vidas.

Costuma ter conversas sobre literatura? Tem amigos escritores?

Quando é para falar, dá-me enorme prazer falar com pessoas que tenham uma leitura crítica sobre um livro e sobre a própria literatura, mas vou ser franco: se entrasse numa grande sala e houvesse o grupo da gente da literatura, não sei se iria para aquele lado. Prefiro fazer isso de uma maneira mais aberta, mais informal. Os escritores com quem gosto de falar são gente que não se leva muito a sério também.

A sua literatura está muito ligada à oralidade, isso vem da família?

Isso é uma aprendizagem que tive em casa com os meus pais, que eram contadores de história. Acho que essa minha procura por alguém que não tem rosto, que não tem voz, vem do fato de eles contarem história sobre os meus avós que eu nunca conheci. Essa outra grande família de que eles estavam separados vivia toda lá em casa nunca tendo estado lá. Recordo que quando morreu o meu avô paterno vi o meu pai chorar pela primeira vez, eu tinha seis ou sete anos e vi como ele se convertia num menino desamparado e eu tinha que o confortar. Perguntei-lhe algo e o meu pai disse uma coisa muito bonita, disse: o teu avô morreu, mas foi lá, aqui não. Então aquele vulto inventado que passeava lá em casa, que eu ouvia tossir e dizer coisas, continua vivo lá. É a capacidade da ficção de tornar real gente que não está presente.

Você estudou medicina e abandonou o curso por uma questão política, para ir fazer jornalismo. Se não fosse isso, teria terminado o curso, não?

Era uma tragédia que teria me acontecido, mas sim.

Mas consegue imaginar o dr. António, pediatra?

[Risos.] Eu queria seguir psiquiatria, imagina!? Era pior… Claro que a gente nunca pode pôr essas coisas assim em perspectiva, mas não, acho que não seria feliz. Porque esse mundo, que é um mundo muito rico, é um mundo muito próximo da doença, da morte, e não me vejo nele. Mas não decidi, foi uma imposição na altura. Eu era militante da Frente de Libertação de Moçambique, e a Frelimo disse: você agora vai infiltrar num órgão de informação, infiltrar um jornal que era dominado pelos portugueses. E fiz aquilo porque era inquestionável para mim, tinha sentido partidário, era uma coisa que fazia com gosto. Mas depois quando deixou de ter sentido eu ser jornalista, deixou de ter sentido eu ter essa relação de devoção e de obediência em relação ao partido e rompi com isso, também rompi com o jornalismo, e decidi sair.

E foi ser biólogo. Há um texto em que você conta do deslumbramento com a natureza quando, aos seis anos, os seus pais o levaram para uma reserva...

Foi uma descoberta quase religiosa desse espaço inaugural, provavelmente na altura não pensava assim, eu era menino, mas era a descoberta do espaço onde nascemos como espécie. Aquilo fica numa planície infinita onde não vês o limite, é o vale do Rift. É como se fosse a Criação, com maiúscula, os animais todos.

Talvez seja a primeira paisagem que o homem viu, não?

Sim, nascemos ali, somos fruto daquela paisagem, somos parte daquilo. Mas acho que fiquei esmagado com o sentimento de beleza, talvez ficasse com o mesmo sentimento se visse uma outra paisagem que fosse encantadora. Aquilo foi como um crente visitar uma grande catedral, fiquei deslumbrado, a minha alma ajoelhou-se.

Você tem uma fé em algo, não? Consegue explicá-la ou é algo que você sente que não precisa ser justificado?

Não sei, cada vez que me perguntam isso acho que respondo de uma maneira diferente porque... tenho fé na vida, sabes? Acho que nós somos só parte, fragmento dessa coisa maior que não é uma criatura, é um processo, é a vida. Somos parte disso, e isso não tem princípio nem fim. Aquilo que andamos à procura numa qualquer relação de divindade, sabes? Essa é a minha divindade, a vida.

"Em África os mortos não morrem nunca", está num livro seu. É "só" uma bela frase literária ou para você vai além?

Eu tive um momento em que fiz o teste. Achava que tinha essa crença, mas pensava: os meus mortos não são tão fundamentais assim, a minha família é uma família nuclear, pai, mãe, irmãos, filhos, e felizmente até há três anos não tinha mortos, só mortes de amigos que a vida tinha convertido em irmãos. Mas quando morreu o meu pai, e depois a minha mãe, fui testado em quanto era verdade, era real em mim essa crença. E na verdade resultou bem. Acho que é a única maneira de se conviver com essa coisa que é um fim para quem te criou, para quem te fez um ser. Lembro-me que quando morreu o meu pai recebi muitas mensagens, condolências, gente que me abraçava e dizia coisas muito bonitas, e uma vez do outro lado da rua estava um fulano que eu não conhecia. Atravessou e disse-me: conhecia o seu pai. E, conversando com esse fulano, comentei: e ainda por cima a campa dele está lá do outro lado do mundo [em Portugal]. E ele disse: não, a campa dele não está lá, está dentro de você, você é o seu pai. Aquilo bateu no fundo, e acho que é verdade. Até podemos ir procurar explicação na ciência, metade dos meus genes vem dele, ele está aqui vivo, é um sentido de eternidade que não é só uma invenção. Há uma parte de nós que nunca morre, que é passada para o filho, o neto, o bisneto. Olho para as minhas mãos e vejo as mãos dele, e agora cada vez mais, porque à medida que vou ficando mais velho vou notando que as falhas que tenho, a maneira como tropecei ao subir uma escada, os trejeitos... De repente tu descobres isso em ti mesmo.

Invejo quem tem uma crença assim e não acha que a morte é uma despedida para sempre.

Vivi num mundo em que todos os dias isso é dito. Tu vês as pessoas que têm essa crença e nem sequer é uma coisa religiosa no sentido institucional, é natural. As pessoas acham que os mortos estão ali. Eu digo de mim próprio que sou um ateu não praticante, não sou um bom ateu. E quando surge uma coisa destas [a morte] tu tens que te agarrar a alguma coisa, e se é verdade para ti é isso que é importante. Sinto imensas saudades do meu pai e da minha mãe, mas os tenho tanto dentro de mim com as histórias, na maneira como quando estou com os meus irmãos e nós os evocamos. Não é uma ausência, a morte pode não ser uma ausência. A ausência é quando esquecem de ti.

Pensa no futuro, se continuará a ser lido, recordado?

Sinceramente, acho que é muito pouco provável que alguém se lembre, talvez faça alguma referência anedótica, não pelo meu mérito, mas porque na literatura moçambicana somos muito poucos, mas não mais do que isso. Não me ocupa esse assunto. Acho que um livro meu comover uma pessoa qualquer que seja no mundo já é uma coisa espantosa. Já me aconteceu de uma pessoa dizer que queria que a vida acabasse, que ia se suicidar, e leu um livro meu e mudou de ideia.

Quando pensa nos seus livros, vê um rosto, eles formam um conjunto?

Sim. Há ali coisas que vejo que são recorrentes. Como, por exemplo, a busca da identidade como uma miragem. Isso é um assunto recorrente nos meus livros, pessoas à procura de um rosto, de uma voz, e percebem que essa é uma busca equivocada, que nunca vão encontrar. A memória como uma invenção é outro tema, porque a gente deposita na memória um sentido de fidelidade quando na verdade as pessoas constroem as lembranças. E esse assunto para mim é importante porque quem diz memória individual fala também de memórias coletivas, que são as lendas, os mitos fundadores de uma nação. Tudo isso é tomado muito a sério e alimenta orgulhos patrióticos, sentimentos religiosos que em momento de tensão são usados para legitimar conflitos. Tudo isso nasce de um processo ficcional que tem que ser interrogado se é tão verdadeiro assim.

Você me disse que Julián Fuks, escritor brasileiro que é seu pupilo num programa literário, fez uma observação ao ler o livro que você está escrevendo...

Esse convívio com ele tem sido muito enriquecedor. E ele, ao ler aquilo que vai ser o terceiro volume da trilogia, me falou: o assunto é outra vez a tradução, no sentido da tradução do mundo. Ou seja, surge mais uma vez a figura de um tradutor, neste caso uma tradutora, que é responsável por traduzir uma língua africana para uma língua europeia. No fundo não está a traduzir um idioma, está a traduzir visões de mundo, lógicas diversas, são civilizações que não se conhecem, que se tocam e não se enriquecem. E foi importante para mim perceber isso. O Julián tem razão, notou uma coisa que me escapava, e me ajuda agora a construir de maneira mais consciente o resto do texto.

E esse tradutor de quem o Julián fala, uma pessoa que está como facilitador de dois mundos, é você, não é?

Sim, sinto que realmente posso fazer esse papel. Porque não pertenço completamente a nenhum mundo, estou mais ou menos à vontade nos dois ou três ou quatro mundos, e não sou movido pelo desejo de dizer que este é mais verdadeiro que o outro, este é mais autêntico ou qualquer coisa assim. Quero simplesmente que eles se sentem numa mesa, sou simplesmente o mediador.

Milton Hatoum e a arte da paciência

Óbidos e Lisboa, outono de 2017

Milton Hatoum abre uma bolsinha e dela vai tirando e acomodando sobre a mesa: tabaco, papel de seda, piteira e uma pequena tesoura. Corta o papel cuidadosamente para deixá-lo um terço menor, depois acomoda o fumo, posiciona o filtro e, atrás dele, a piteira. Por fim, passa a língua na borda do embrulho, enrola e acende o cigarro. O tabaco que compra é francês e não é fácil encontrá-lo no Brasil. Por isso, muitas vezes a esse já lento processo ele acrescenta o trabalho prévio de desmontar um cigarro fino e retirar-lhe o tabaco — para em seguida fazer o seu. Ficou dez anos sem fumar e agora voltou. Mas são só três cigarros ao dia, o mesmo que, segundo o seu médico, um morador de São Paulo (onde vive) consome passivamente por culpa da poluição. Diz que não é saudosista, mas o gesto de fumar faz lembrar os anos que viveu na França. Quando apaga o cigarro, Milton recupera a piteira, limpa-a pacientemente com um pedaço de guardanapo e guarda todo o material de volta na bolsa. "Uma das pouquíssimas virtudes que tenho — não tenho muitas — é não ter pressa", me diz.

Esse cuidado, paciência e disciplina com que faz e consome moderadamente o seu cigarro é o mesmo com que constrói as suas histórias. Nascido em Manaus em 1952, Milton Hatoum publicou o seu primeiro livro aos 37 anos. Durante sete anos carregou de casa em casa, cidade em cidade, o manuscrito de *Relato de um certo Oriente*, livro com o qual estreou nas letras. A seguir esperou mais de uma década para publicar *Dois irmãos*, sua obra mais conhecida. Depois vieram os romances *Cinzas do Norte* (2005), *Órfãos do Eldorado* (2008) e uma trilogia que teve início em 2017 com *A noite da espera* e continuou em 2019 com *Pontos de fuga*, o segundo volume. Publicou em 2006 um volume de contos intitulado *A cidade ilhada*. Também escreve poemas, embora não os publique.

É hoje um dos autores brasileiros mais premiados e traduzidos, mas se refere aos seus livros de forma contida. Guarda o entusiasmo para falar de algumas leituras. Durante a nossa conversa, foi ao citar Joseph Conrad, Guimarães Rosa e Machado de Assis que alterou a maneira sóbria de falar. Sorriu e se exaltou ao comentar sobre esses livros e a genialidade de seus criadores.

Há quem conte a vida por relacionamentos, empregos que teve. Você a divide como, pelas cidades onde morou?

Eu reinvento a vida nos meus romances. Mas o que foi marcante para mim foi a saída de Manaus quando eu tinha quinze anos. Esse foi um momento de ruptura. Se eu pensar na minha vida e nos narradores que usei para os meus romances — que sempre estão entre dois lugares, na fronteira social e simbólica, entre o pertencimento à família e a exclusão —, acho que tem muito a ver com essa minha saída, um pouco brusca e talvez precipitada, de Manaus.

Mas essa ida para Brasília aos quinze anos foi uma vontade sua, ou não?

Foi uma decisão minha e foi um pouco à louca. Minha mãe não queria. Sair do núcleo familiar com quinze anos, ir sozinho para uma cidade que fica a três horas de voo, é uma separação sem retorno.

Depois disso você nunca mais voltou a morar com os seus pais?

Não. Mas meu pai me ajudou no começo, até quando entrei na universidade e comecei a trabalhar. Foi importante, talvez eu não tivesse sido escritor, talvez fosse outro o meu destino se não tivesse saído.

Você pensa em como teria sido essa vida se tivesse ficado?

Não penso, mas eu não teria sido escritor, teria feito outra coisa. Manaus naquela época era muito acanhada, muito isolada…

Seu pai era comerciante, não era? Talvez tivesse ido trabalhar com ele.

Meu pai tinha uma loja de tecidos, era sócio do meu avô materno. Teve a mesma loja durante mais de meio século, a loja não cresceu, ficou do mesmo jeito. É, talvez eu fosse um balconista vendedor de tecidos.

E essa ânsia por sair? Manaus tinha ficado pequena? Era vontade de conhecer outros lugares, aprender?

Era tudo isso, e mais o desejo de estudar arquitetura. E o projeto de Brasília já era uma lição de arquitetura. Podia ter ido a Belém, que já tinha curso de arquitetura, Rio ou São Paulo. Eram as opções, mas Brasília me fascinava e a gente ouvia falar da Universidade de Brasília, desse Colégio de Aplicação onde estudei. A saída de Manaus e a experiência de Brasília foram fundamentais na minha vida. Quer dizer, eu já saí com alguma bagagem literária, deixei a província já com algum repertório...

Nessa descoberta inicial da literatura os professores foram mais importantes do que a família, não? Você não tinha em casa uma família leitora...

Não tinha, mas eu tinha um tio que lia, um ótimo leitor, e graças a ele li livros da Livraria do Globo de Porto Alegre, coisas do Erico Verissimo, do Drummond. Esse meu tio aparece um pouco no *Cinzas do Norte*, na figura do Tio Ran. Ele lia, deitado numa rede, e depois me emprestava os livros.

E já os livros nunca saíram da sua vida... O ambiente de livrarias que aparece em *A noite da espera* tem um pouco a ver com a sua vida de Brasília, não?

Tem um pouco a ver com a minha experiência. A Livraria Encontro, de fato, existiu. E o Jorge Alegre é um português chamado Vitor Alegria, com quem me encontrei 47 anos depois e disse que se lembrava de mim. Não sei como, porque eu era um moleque, ele tem mais de oitenta anos hoje e tem uma gráfica enorme. Sempre foi um batalhador. Já era um dissidente do salazarismo, foi preso no Porto, torturado, fugiu da prisão e foi para o Rio. E depois abriu essa livraria em Brasília.

E vocês conversavam sobre livros?

Sim, ele emprestava e dava livros aos estudantes. Ele dava os livros, sempre foi um homem muito generoso. Foi uma pessoa importante não apenas para mim mas para vários da minha geração.

O narrador da trilogia, o Martim, está perdido, não se encaixa em nenhum grupo, não se sente cômodo em nenhum lugar. Você se revê, quando jovem, nele?

Bom, acho que essa falta de pertencer a um lugar ou a uma comunidade faz parte da minha vida, dessa errância. O Edward Said fala num texto que mesmo as pessoas que não são exiladas podem sentir uma espécie de exílio interior, sentir-se deslocadas. Sou filho de um imigrante com uma amazonense, também ela filha de imigrantes, nasci numa região muito isolada, longe dos grandes centros, meu próprio nome não é brasileiro nem é português... é como se de fato não me sentisse à vontade em lugar algum. E escrever é um exílio, a escrita é uma forma de exílio. Primeiro porque você tem que sair de si mesmo, ao mesmo tempo você vai mais ao fundo de si mesmo — são movimentos de ida e volta. Para expressar o que sente profundamente você tem que sair de si. Por isso que não acredito em relatos autobiográficos, porque você nunca escreve exatamente sobre o que aconteceu. Isso é uma mentira. Você cria artifícios, elabora e constrói passagens do que poderia ter acontecido.

A sua saída de Brasília, depois do AI-5, também foi um pouco traumática?

Eu não aguentei. O meu colégio foi fechado, o centro integrado de ensino médio foi fechado em 1971, mas antes disso percebi que ali não tinha clima. A universidade sofreu várias invasões, desde o início, desde o golpe. Houve a demissão em massa de várias pessoas.

E o fato de você ter ficado tanto tempo sem voltar a Brasília tem a ver com uma lembrança ruim?

Tem, só voltei em 2000. Mas gostei de voltar, já era outra cidade, aqueles fantasmas já estavam... bom, eles ainda estão por aí, mas você podia andar livremente, a cidade estava verde, ajardinada.

Você foi para São Paulo estudar arquitetura na USP (Universidade de São Paulo), chegou a terminar o curso?

Terminei, cheguei a trabalhar durante dois anos com projetos. Dei aula de história da arquitetura na Universidade de Taubaté, morava em São Paulo e dava aula lá, acordava cinco e meia da manhã para chegar à universidade. E até viajar para a Espanha trabalhei, como freelancer, numa revista que era dirigida pelo Mino Carta. Fazia de tudo: resenha de teatro, de livro etc.

E nessa época você já sonhava em viver de escrever?

Nunca pensei que poderia ganhar a vida como escritor no Brasil. Queria ser professor, porque o jornalismo tirava muito a minha energia. Achava que trabalhar numa redação o dia todo e depois escrever ficção não dava. Não queria ser arquiteto e escritor. Achava que não ia dar certo porque a arquitetura exigia estar atualizado com técnicas, materiais de construção etc. Como o trabalho de professor era a leitura de livros, parecia mais propício, era o único caminho que eu via. Por isso, porque queria ser professor de literatura, saí do Brasil. Passei seis meses em Madri, oito em Barcelona, e depois fui à França.

Ainda como aluno de arquitetura você assistia a aulas de literatura, não?

Sim, e quem me ajudou muito foram os professores de literatura da USP. Abandonava algumas aulas chatíssimas e ia assistir às aulas da Leyla Perrone-Moisés, do Alfredo Bosi, do Davi Arrigucci Jr., do João Luiz Lafetá. Essas pessoas me ajudaram muito. E o Davi, para quem está dedicado o primeiro livro da trilogia, foi uma espécie de grande mestre.

Nas aulas, como aluno ouvinte, dizia aos professores que queria ser escritor?

Não, não abria o jogo assim. Eu tinha vinte e poucos anos e muita gente queria ser escritor naquela época. As aulas do Davi eram magníficas, ele já era um grande crítico e escritor.

Quando você foi para a Espanha também foi uma saída complicada?

É sempre complicado, saí sem saber o que ia ser da minha vida. Fui um pouco movido por uma aventura, para fazer um mestrado em língua e literatura espanhola. A bolsa de estudos era pequena e eu não conhecia nada — era a primeira vez que saía do Brasil. Cheguei em Madri num inverno terrível, nos primeiros meses de 1980. Mas o meu objetivo era morar em Barcelona, fiquei em Madri só seis meses.

Por que Barcelona? Pela questão literária?

Pela questão literária e também pelo Gaudí, pela cidade, pelo clima, pelo Mediterrâneo. Eu tinha um encanto por Barcelona.

Você gostou mais de Barcelona que de Madri?

Muito mais. Em Madri deu tudo errado, morei mal, num quartinho num quinto andar sem elevador, sem calefação, um baita de um frio. Vivi mal. Quando cheguei, os vestígios do franquismo ainda eram latentes.

Você considera essa sua ida para a Europa uma espécie de exílio?

Encontrei exilados, fiz amizade com alguns exilados, mas não fui obrigado a sair. Eu podia voltar.

No período em que você foi, o pior no Brasil já tinha passado, não?

Em 1979 já começou a abertura política, até o acordo que fizeram da chamada Anistia.

E já nessa fase da Espanha você tentou escrever sobre esse período da ditadura, assunto da trilogia de agora, não foi?

O que escrevi entre Madri e Barcelona foi uma primeira versão, muito falha, desse período. Era uma crônica, não tinha distanciamento temporal, o que a meu ver é crucial para escrever uma ficção. Estava ainda muito possuído pelos acontecimentos recentes. A distância temporal é importante, para dar também espaço para a invenção. O esquecimento é importante para escrever, é um paradoxo, mas o paradoxo da literatura, porque o tempo presente e o circunstancial são propícios para o jornalismo, não para a literatura.

Tem que haver espaços na memória para que a ficção caiba, é isso?

É, foi sempre assim na minha experiência. Por isso queimei esse manuscrito. Aliás, um amigo argentino contribuiu. Era um poeta e tradutor que faleceu há poucos anos. Morava em Madri, exilado, era bolsista também. Ele leu o texto e fez uma crítica demolidora.

Nessa trilogia há uma ruptura com os outros romances. Acho que até mesmo no jeito de narrar. Você quis tentar algo novo? Ou foi a maneira que encontrou para contar aquilo?

A forma que encontrei foi aquela, e não teria começado sem encontrar a forma. Tenho que armar na minha cabeça a estrutura da narrativa antes de começar a escrever.

Você tem boa memória? Lembrava bem daqueles anos de 1967, 1968 em Brasília, ou foi atrás de documentos?

A melhor memória para a literatura é a imaginação. Eu não posso ter muito arquivo. Só dei uma olhada em alguns exemplares de um jornal que se chamava *A Tribo*, visitei várias vezes Brasília, e ouvi relatos de vários amigos daquela época.

E voltar a essas lembranças, como foi?

Sempre é diferente, porque o mais importante não é nem a memória dos outros nem a minha, é a linguagem, como isso é articulado. Não me preocupei com os dados realistas, há muita coisa que coincide, que aconteceu, mas há muita que não. Tem sempre a polícia literária, mas isso não me preocupa. Num ensaio sobre o realismo, o Borges tem uma frase lapidar: a imprecisão é tolerável e verossímil na literatura porque a realidade também é imprecisa.

Nessa temporada na Europa você conheceu gente do mundo da literatura?

Muito pouco, o meu grande amigo foi o Mario, esse argentino exilado. Ele conhecia muito da literatura brasileira, traduziu Graciliano, Raduan. Foi o meu único leitor desse manuscrito queimado. Eu ia a palestras de escritores, isso sim.

Você fazia tradução para ganhar algum dinheiro?

Dava aula de português e também ajudei uma tradutora catalã a traduzir Jorge Amado, ela não entendia nada das expressões baianas. Deixei um cartaz no Centro Cultural Brasileiro no Passeio de Gràcia e ela me ligou perguntando se eu podia ajudá-la. Eu respondi: *claro, por pesetas yo hago todo*. [Risos.]

E aí o que aconteceu? Acabou a bolsa e você decidiu não voltar para o Brasil?

Queria ficar na Europa, conhecia um pouco da língua francesa por causa da minha avó e das aulas particulares em Manaus, daí fui para Paris e fiquei lá três anos.

Em Paris, naquela época, estavam os grandes da literatura...

Estavam, mas eu não frequentava os escritores. Eu não tinha nada, né? Era um estudante. E nunca fui de frequentar meios literários, até hoje.

Chegou a pensar em ficar por lá? Ou sempre imaginou que voltaria?

Depois de quatro anos, eu tinha que decidir. Sentia falta da língua portuguesa, quando comecei a sonhar em francês decidi voltar. Eu falava muito pouco português, não tinha contato constante com brasileiros. Tinha amigos franceses, morava com uma francesa e sentia falta da língua, do ritmo, da melodia do português.

Você, quando lembra dessa fase em Barcelona, na França, lembra com nostalgia? Sente saudade?

Não, nostalgia acho que não. Foi importante esse momento, essa fase da minha vida, porque nesse momento me tornei escritor, decidi que não ia ser arquiteto e soube que seria escritor ou professor.

Decidiu que a literatura ia fazer parte da sua vida.

É, já fazia. Porque no fundo tinha uma coisa meio romântica nessa viagem, saí do Brasil para ser escritor em Barcelona. Outro dia passou na televisão um programa sobre o meu trabalho e uma das pessoas que entrevistaram foi a minha ex-editora, a Maria Emília. Ela é minha amiga dos anos 1970, estudamos juntos na Aliança Francesa, ela fez USP, era aluna de letras, e foi me visitar em Barcelona. E na entrevista ela conta que se lembra de ter entrado no meu quarto e visto umas cartolinas na parede com gráficos, desenhos, mapas. E diz que pensou: puxa, será que isso vai dar alguma coisa? [Risos.]

Isso que ela viu era o plano do *Relato de um certo Oriente*? Você ficou sete anos com esse manuscrito. Não tinha pressa, não se angustiava?

Era, eu estava começando o *Relato*. Eu me angustiava, mas não tinha pressa para publicar. Isso sempre foi assim, uma das pouquíssimas virtudes que tenho — não tenho muitas — é não ter pressa. O romance é a arte da paciência, o exercício da paciência, da reflexão. Tive que armar todo aquele quebra-cabeça do *Relato*, cada capítulo é uma voz.

Durante esse tempo em que ia escrevendo o *Relato*, tinha noção de que estava construindo uma coisa grande e nova?

Não. Achava que havia uma verdade interior naquilo que estava escrevendo. Isso eu sabia. Mas no que ia dar, como dizia a Maria Emília, eu não sabia.

E quando foi publicado já teve um certo impacto?

Foi uma surpresa porque as resenhas foram muito positivas e críticos importantes se manifestaram. O Benedito Nunes, filósofo lá de Belém do Pará e grande crítico literário que eu não conhecia, falou do livro. A Flora Süssekind também. A Leyla Perrone-Moisés deu uma declaração na *Folha* dizendo que valia a pena ler o *Relato*. Eu conhecia a Leyla, que tinha sido minha professora, e ela me falou uma coisa muito importante naquela altura, disse: "Olha, Milton, você vai publicar um livro, você não deve nem se deprimir com crítica negativa nem se exaltar com críticas elogiosas, faz o seu trabalho". E foi uma das coisas mais importantes que ouvi. Em 1989 ela já era uma crítica muito importante. E teve o texto do Davi [Arrigucci] na orelha... Eu era um iniciante. Terminei o livro com 35 anos, mas só foi publicado dois anos depois. E tudo foi uma surpresa. Foi traduzido para o inglês, francês, italiano, alemão, para as principais línguas da Europa. Não imaginava que seria traduzido, que ia ganhar prêmio...

Foi um início animador.

Sim, mas você não escreve para ganhar prêmio, escreve motivado pelas suas inquietações, desejos. Enfim, claro que fiquei contente com essa repercussão, mas me travou um pouco também.

Depois do *Relato* vieram outros livros em que aquela atmosfera da Amazônia estava sempre presente. Você não teve medo de ficar conhecido como escritor de um só espaço?

Não, nunca tive essa preocupação de ser tachado de regionalista, mesmo porque o próprio Benedito Nunes falou, de cara, ao ler o *Relato*, que não tinha nada a ver com regionalismo raso, que transcendia a região. O Benedito percebeu que era um aprofundamento de questões locais, mas com uma perspectiva mais geral.

Voltando um pouco, por que essa fase de Paris foi tão importante?

Ali comecei firme [a escrever]. Passei todo o meu tempo escrevendo e depois continuei em Manaus — voltei em 1984 —, onde eu dava aula. Carregava o manuscrito para todo lado, passou por vários quartos em Paris, e viajou para Manaus.

Depois de três anos na França então você decide voltar para Manaus. A sua ex-mulher vai junto?

Sim, nós fomos juntos. Falei para ela que era uma cidade difícil, muito complicada, que trocar Paris por Manaus era um ato de loucura, mas ela topou.

E quando você chega, aquela Manaus já não era a sua...

Não era, testemunhei a destruição do centro histórico e o crescimento totalmente desordenado, típico brasileiro. Aquela coisa que o Euclides da Cunha chamava de "crescimento à gandaia". Acho que foi pior para mim, porque ela se adaptou, para ela tudo era diferente. Ela gostou. Mas aí eu me apaixonei por uma brasileira, nossa história terminou e ela voltou para Paris.

E você ficou quanto tempo em Manaus antes de se mudar para São Paulo?

Fiquei catorze anos, só com algumas interrupções para o tempo que passei nos Estados Unidos.

Achei curioso aquilo que você falou na apresentação de *Dois irmãos*, em Lisboa, que não se exalta com o que escreve, mas com o que lê. E começou a falar apaixonadamente do *Grande sertão: veredas*, do Guimarães Rosa...

É verdade. Primeiro, porque geralmente o que eu leio é melhor do que o que escrevo. [Risos.] Sobretudo os clássicos, os grandes livros. Quando eu morava na França os meus colegas franceses diziam que não escreviam por causa do Proust, do Céline, do Flaubert, e eu dizia: bom, nós também temos motivos para não escrever porque depois do Guimarães Rosa você querer fazer um romance estético é uma ousadia. Teria que ser uma façanha, e não surgiu quem a faça — e dificilmente vai surgir nos próximos cinquenta anos. Nós não temos nenhuma razão para sentir complexo de inferioridade, temos João Cabral, Drummond, Bandeira, Murilo Mendes, nós temos grandes poetas e ficcionistas. E depois essa coisa de rebaixar o Brasil, isso não faz sentido. Basta ver a história recente da Europa, qual é a moral que tem um europeu de falar em civilização?

Você também disse nesse dia que o nosso tempo não é o tempo do romance. Acha que a literatura perdeu importância?

A literatura foi ofuscada pelo império da imagem, da velocidade, da internet, dessas colagens pós-modernas sem dimensão histórica. Porque o *Grande sertão*, por exemplo, fala de tudo, né? Do amor, da morte, de Deus...

E é um livro que exige do leitor...

Exige a atenção, a entrega do leitor. Todo bom livro pede, não sei se exige, mas convida o leitor a uma reflexão, a uma pausa, a um diálogo com o texto.

E você acha que este nosso tempo não é propício pra isso.

Não, porque as pessoas, primeiro, já não têm tanto tempo para ler.

E tem a questão da atenção, também.

Da concentração. Porque ler um grande livro, ou um bom livro, é diferente de ver um bom filme.

Acha que a literatura tem alguma utilidade?

Utilidade como vantagem prática do cotidiano, nenhuma. O que a literatura tem como força é a educação da alma, é a formação intelectual, é a indagação sobre o mundo. A sondagem da alma humana, o conhecimento do mundo, o conhecimento de nós mesmos, uma espécie de autoconhecimento através da vida dos outros.

Mas então tem uma utilidade.

Não. Quero dizer, não vai ser útil para o meu cotidiano, mas vai ser útil para a minha vida. Insisto muito na questão da formação porque as pessoas, quando não têm contato com a arte, a arte mais complexa, elas se empobrecem do ponto de vista intelectual e espiritual. Então, na obra de um grande escritor você pode encontrar, além da genialidade verbal, uma reflexão sobre a vida. Por isso é que a grande literatura — estou falando de Guimarães Rosa, de Alejo Carpentier, de Joseph Conrad — transcende essa realidade prosaica e fala profundamente das nossas angústias, dos nossos anseios.

Acha que a literatura o ajudou a ser uma pessoa melhor?

Melhor acho que não, mas me ajuda a viver, né? Me ajuda a viver, a expulsar esses fantasmas... Há muita convergência entre a literatura e a psicanálise, por isso que os psicanalistas, o Freud mesmo, são grandes leitores. Mas a diferença é que a psicanálise quer explicar tudo e a literatura não pode explicar nada. Pelo contrário, a literatura é uma indagação, é aí que elas divergem. Porque a psicanálise interpreta, tenta interpretar, tudo.

E tem coisas que não têm explicação.

Por exemplo, a insatisfação da Emma Bovary não tem uma explicação. É uma parte constitutiva do modo de ser dela. Quando o Raskólnikov do *Crime e castigo*, num ato de loucura, mata as velhas, como é que você explica isso? O romance não deve explicar isso. Quando o capitão do barco do *Lord Jim* abandona o navio com oitocentos peregrinos muçulmanos que iam a Meca, por que ele faz isso? Ele, durante o livro todo, vai tentar reparar essa culpa, essa falha moral. Mas por que esse ato inexplicável, vindo dele, que se supunha ser uma pessoa íntegra? Ele falha e nunca mais vai reparar aquilo, só com a morte.

Mas voltando naquilo de ajudar a viver, isso já é muita coisa, não? Eu, como leitor, também sinto isso, que a literatura me ajuda a viver.

É, porque a gente necessita disso: da arte, da imaginação do outro, que faz parte também da nossa leitura e da nossa imaginação. Por isso que a literatura só faz sentido quando é compartilhada. Daí o desejo do escritor, ou do livro, de ser lido. O desejo de ser lido é o desejo de compartilhamento, dessa leitura compartilhada. De partilhar esse pequeno mundo que foi construído verbalmente com a sua dimensão simbólica, social, histórica. Quando você publica é porque você, de algum modo, quer dividir isso.

Você seria frustrado se fosse pouco lido?

Olha, é um pouco frustrante quando você não é lido, porque depois de tanto esforço, de anos de convívio com aquela linguagem, com aquele mundo... eu não seria hipócrita de dizer que tanto faz ter ou não ter leitores. Se você não quer ter leitores é melhor não publicar. Agora, eu nunca pensei em ter muitos leitores.

Não é isso que o move.

Não, até porque o meu primeiro romance demorou três anos para ser republicado, e ganhou o prêmio Jabuti. E foram 3 mil exemplares na primeira tiragem. É diferente da França, da Alemanha, de países escolarizados que têm tradição de leitores.

No seu livro aparece sempre uma figura que se perde, que vai e não se sabe se volta, um fantasma...

A separação — que é o fantasma — está no primeiro romance, a moça que vai embora para São Paulo e volta, no *Dois irmãos*, no *Cinzas*, e no *Orfãos*, com a moça que desaparece... São temas recorrentes, são questões, inquietações. E é difícil ter uma explicação, racionalizar isso, dizer por que aparece. Você se deixa mover por isso, porque faz parte da escrita o inesperado. Por isso não dá para analisar tudo...

Quando você fala do inesperado na construção do romance, o que é? Um personagem sumir, desaparecer, ir embora?

Não, isso é pensado. Agora, por que pensei nisso? Não sei. Talvez tenha a ver com o meu primeiro trauma, a minha primeira separação, sair de Manaus da forma como eu saí... Mas aí estou mais no domínio da psicanálise do que da literatura. E quem quiser explicar racionalmente não vai convencer, são coisas muito profundas.

E pensa como vão falar de você daqui a cinquenta anos? Se vão lembrar do universo que criou?

Não tenho essa pretensão, mas há alguns escritores que pensam que só vale a pena escrever para a posteridade. O tempo é muito cruel com a literatura. Bastam trinta anos para um livro desaparecer, às vezes cinco... por isso que não vale a pena escrever muito, eu acho. Só o que de fato é impossível não escrever.

Mas no seu caso você já chegou a terminar romances e...

Não publiquei. Não publico o que eu não gosto. O meu editor gostaria que eu publicasse mais, mas a pressão dele é uma pressão estimulante.

Você não se considera muito autocrítico?

Acho, mas isso é assim. E graças a Deus a minha mulher não vai publicar o que eu deixei porque ela respeita muito a minha postura diante da escrita. Sabe, tenho algumas grandes frustrações na vida, e uma delas é não ter sido o poeta que eu gostaria de ser.

Você tentou, não?

Tentei, publiquei um livrinho, mas acho que aqueles poemas não eram promissores. Foi publicado em 1978, antes de eu viajar para a Europa. Está esgotadíssimo, pedem uma fortuna por ele, nem vale a pena comprar. Chama *Amazonas: Palavras e imagens de um rio entre ruínas*, naquela época eu já pensava na destruição da floresta...

E depois você nunca mais tentou escrever poesia?

Eu escrevo, mas não publico. Publiquei um ou dois [poemas], só.

Tatiana Salem Levy: Narrar a partir de um olhar feminista

Lisboa, outono de 2019

Tatiana Salem Levy tinha 24 anos e poucas, pouquíssimas páginas publicadas quando o seu nome apareceu numa coletânea organizada pelo escritor Luiz Ruffato intitulada *25 mulheres que estão fazendo a nova literatura brasileira*. Conheceram-se quando ela, estudante de letras, o entrevistou. Meses depois, Ruffato leu um conto da jovem e decidiu incluí-la na antologia que estava preparando. "Selecionei mulheres que haviam iniciado a carreira a partir de 1990, o que significava que havia ali escritoras que já possuíam uma trajetória e outras que estavam começando. No caso, a única escritora inédita era a Tatiana", me explica Ruffato quando lhe pergunto o que o levou a apostar naquele nome. "Acho que antes de tudo sou um bom leitor. Ao longo da minha vida tenho indicado autores novos, inéditos, para editoras nas quais publico ou para editoras com quem tenho contato, e me orgulho muito de vários deles terem feito carreira literária. Minha aposta, naquela antologia, era num olhar bastante singular, numa escrita bastante pessoal, que encontrei na Tatiana. Ela é daqueles talentos natos, que não precisaram de lapidação — raro diamante que aflora à terra", acrescenta.

A antologia, publicada em 2003, serviu para que a escritora começasse a ser conhecida no universo literário brasileiro. Quatro anos depois viria o sucesso do romance *A chave de casa*, vencedor do prêmio São Paulo de Literatura e do English Pen Awards, traduzido para uma dezena de idiomas. Em 2012, seu nome voltaria a aparecer numa coletânea, dessa vez a da prestigiosa revista *Granta*, entre os "vinte melhores jovens escritores brasileiros".

Tatiana nasceu em 1979 em Lisboa, de pais exilados em Portugal. Quando tinha nove meses, a família regressou ao Brasil, ao Rio de Janeiro, onde passou a infância e a adolescência. Viveu na França e nos Estados Unidos na época em que cursava o doutorado em literatura. Lisboa é a sua casa desde 2013, ainda que tenha demorado vários anos para perceber isso, como conta na entrevista a seguir. Além de romances (*Dois rios*, 2011, e *Paraíso*, 2014) e contos, escreve crônicas, peças de teatro e tem dois livros infantis publicados.

Você publicou o primeiro romance de uma maneira, digamos, pouco convencional. Saiu primeiro como tese de doutorado e ao mesmo tempo já estava negociado com as editoras antes de estar pronto. Como aconteceu isso? Antes, você não tinha tentado publicar?

Quando eu era adolescente participei de um concurso de contos que já nem existe mais. Era uma merda o que enviei e não ganhei nada, óbvio. E foi só. Mas antes de *A chave de casa* eu tinha publicado contos. O primeiro que lancei foi na revista *Ficções*, que publicou muita gente jovem. Nessa altura eu estava no início do doutorado e tinha acabado de entrevistar o Luiz Ruffato com três amigas que também gostavam do que ele escrevia. Uns meses depois o Ruffato me mandou um e-mail dizendo: você escreve, vi o seu conto na *Ficções*, e não me disse nada. E daí, um tempo depois, ele me convidou para participar da antologia que ia organizar. Eu falei: mas eu não tenho livro nenhum. Ele falou: eu que sou o organizador, eu que sei. Ele apostou em mim. Escrevi um conto para essa antologia chamado “Desalento” e foi, digamos assim, bem-sucedido. Quem fez a orelha para o livro falou do meu conto. Depois o José Castello falou superbem dele numa resenha. Enfim, as críticas do livro destacavam o meu texto. E como o livro saiu pela Record, a própria editora começou a se interessar por publicar mais coisas minhas. E eu estava começando a escrever *A chave de casa*, falei para eles que estava escrevendo e não sabia quando ia acabar. Foi um pouco antes de ir para Paris, escrevi o romance quase todo lá...

E foi um sucesso grande o livro, saiu em Portugal e no Brasil quase ao mesmo tempo, ganhou prêmios...

No primeiro ano ele já foi muito bem, teve bastante espaço em jornais, fui a programas de televisão falar dele. E depois ganhei o prêmio São Paulo de Literatura, e isso fez diferença. Vendeu muito mais. Aí entrou num programa desses de governo, de livros para os professores... Foram várias sortes. Um português que morava na Espanha, amigo do André Jorge [editor português falecido], tinha lido o romance, gostado, entrado em contato comigo e pedido para publicar um trecho numa revista espanhola. Aí uma agente leu, adorou e me escreveu perguntando se podia ser minha agente. Imagina, eu não tinha a menor ideia do que era isso. Ela foi maravilhosa, vendeu o livro para alguns lugares.

Você passou muito tempo na vida acadêmica. No mestrado fez uma tese, digamos, “normal”, um ensaio que depois veio a ser publicado. E no doutorado fez, como trabalho final, o romance *A chave de casa*...

Estava, ao mesmo tempo, fazendo o romance e a tese [de doutorado]. Eram assuntos que se tocavam, a tese era sobre o corpo dos imigrantes, essa coisa da herança de histórias não contadas. Trabalhava isso de forma teórica em outros autores e ao mesmo tempo estava escrevendo *A chave*.

E a sua orientadora sugeriu de o romance ser a tese, não foi? O que você entregou como tese foi muito diferente do livro publicado?

Não, é muito perto. O que acontece é que *A chave de casa* tem muitas versões. Teve a versão tese, depois fiz uma edição para a publicação, cortei coisas, mexi. Foi publicado aqui em Portugal em maio, pela Cotovia, e quando foi sair no Brasil, em dezembro, eu mexi de novo. A edição do Brasil é diferente. No Brasil são sete edições e em algumas delas eu mexi. Acho que na última eu cortei um pouco demais. [Risos.]

Qual é o lado da sua família que tem origem judia e foi expulsa?

Os dois. As famílias da minha mãe e do meu pai saíram de Portugal na época da Inquisição. E durante séculos eles foram contando essas histórias, passando de geração em geração, não foi que fizemos uma pesquisa sobre a nossa família para saber isso. Chegou a nós como história oral.

E a sua família também guardava a chave de uma casa?

Sim, eu sabia que a chave tinha ido parar com um tio-avô que saiu da Turquia e veio para Portugal enquanto os outros foram para o Brasil. O romance nasceu dessa imagem da chave de casa. Comecei fazendo uma coisa mais histórica, desde a Inquisição e tal. E em certo momento falei: não vai dar certo porque eu não sou assim, cada um é aquilo que é, não vai ficar bom.

E o que você fez?

Para não ter que contar toda essa história, passei a chave da Turquia para o Brasil. Uma chave mais contemporânea, do século XX.

Primeiro era só essa história que eu tinha, mas depois veio a imagem de uma mulher paralisada, porque eu mesma estava nessa situação e comecei a pensar nessas coisas. O romance, era, para mim, uma espécie de conversa com a minha mãe — porque esse passado tinha chegado para mim através dela, não foi através dos avós —, e em determinado momento achei que essa conversa tinha que vir para o papel também. Depois quis encontrar outro significado para o corpo daquela mulher e comecei a fazer aquela história de amor violenta. Fui fazendo essa coisa fragmentada. Era como ir expandindo os sentidos daquele corpo e ao mesmo tempo não querer fechar, não querer dar uma resposta. Ia escrevendo desordenadamente, cada dia fazia uma parte. E depois eu fiz como uma montagem de cinema, imprimi, joguei no chão, espalhei e montei.

Você visitou a Turquia, foi até a cidade dos seus antepassados?

Sim, é a viagem que está retratada n'*A chave de casa*, fiz com a minha mãe quando eu tinha dezenove anos. Depois voltei à Turquia, mas nunca voltei a Esmirna. Só fui lá com ela. E essa viagem foi algo que eu queria muito. Ela talvez tivesse isso na cabeça, mas fui eu que insisti e comprei as passagens...

E você anotou alguma coisa da viagem? Tinha um diário? Depois aproveitou algo no livro? Como fez a parte da documentação da história da família?

Tinha um diário e alguma coisa, não muita, depois me serviu. Conheci só um dos meus avós, e muito pouco. Fui entrevistar uma tia-avó para saber coisas da viagem, perguntei mil coisas. Ela ficou decepcionada quando leu o livro, me contou a filha, porque achava que o livro era a história da família e afinal não era. É isso, no final eu não me importo com a história, como as coisas realmente aconteceram. Não é isso que me interessa.

Você nasceu em Portugal e foi para o Brasil aos nove meses. Os motivos do exílio eram um assunto sobre o qual se falava em sua casa? Seus pais explicaram, quando você era pequena, o que tinha acontecido?

Falava-se muito sobre isso em casa, foi uma coisa natural. Até porque as outras crianças com quem eu convivia eram filhas de pessoas que passaram pelo mesmo. Cresci escutando que os meus pais tiveram sorte porque não foram pegos, não foram torturados. Os amigos dos meus pais eram todos da "revolução", gente que tinha sido presa, perseguida, torturada. Os meus pais ficaram anos na clandestinidade no Brasil até se exilarem.

Esse assunto da ditadura aparece com frequência na sua obra. Tem um conto, por exemplo, de um casal que está na clandestinidade. São histórias que você ouviu dos seus pais?

Sim, são coisas que escutei, mas nesse conto a única coisa que realmente vem deles é essa história do codinome. A minha mãe sabia que o meu pai era do PCdoB [Partido Comunista do Brasil], mas não sabia o codinome que ele usava e acho que também não sabia da importância dele dentro do partido. E alguém, certa vez, disse para ela: o Osvaldo, se pegarem, matam. Algo assim. Ela comentou com ele, que respondeu: tenho que te dizer que o Osvaldo sou eu.

Uma mãe jornalista e um pai professor universitário. Você cresceu numa casa com livros, foi estimulada a ler. Em que momento percebeu que queria ser escritora?

Sim, sempre soube que queria escrever. Na adolescência eu já pensava nisso. Pensei em fazer letras, que foi o que eu fiz; também pensei em história e física, que adorava. E adoro até hoje, acho muito interessante toda a questão do tempo... Eu era muito boa aluna na escola, estudava porque gostava de estudar.

E a escolha do curso foi porque você pensou que poderia dar instrumentos para ser escritora?

Não sei, nunca tive uma visão pragmática, talvez porque a educação que recebi foi muito pouco pragmática. Era isso de fazer o que gosta, de estudar pelo prazer de aprender. Não entrei na faculdade com um objetivo específico, eu gostava de literatura, gostava de estudar mais literatura do que as outras coisas, foi por isso.

Mas você não pensava em ser professora?

Não, mas eu gostava da vida acadêmica. Gostava da ideia de fazer mestrado, de fazer doutorado, de ficar estudando. Na época em que fiz a faculdade, não éramos estimuladas a escrever ficção. Ao contrário, tinha muito uma coisa de respeitar os autores mortos. Era até meio vergonhoso escrever literatura. O curso era muito focado em teoria literária, em história da literatura. Eu gostava muito disso e era muito aplicada, lia e escrevia muita coisa acadêmica. Acho que durante muito tempo não escrevi ficção por isso.

Mas você sente que ter estudado a teoria ajuda na hora de escrever ficção?

Não, sinto que sou duas pessoas completamente diferentes quando faço teoria e quando faço ficção. Sou muito mais racional fazendo teoria, por exemplo.

Depois do primeiro romance veio *Dois rios*. Você ficou bastante tempo escrevendo esse romance...

Esse negócio de tempo eu nunca sei, também passo tempos sem escrever nada. Depende do momento da minha vida.

Em *Dois rios* está presente o destino ou o acaso, é um assunto que aparece bastante nos seus livros, não?

Eu gosto muito do acaso, para mim tudo isto é um acaso. A história da maneira como comecei a publicar, por exemplo, isso para mim é o acaso.

Nesse livro os irmãos conhecem a mesma mulher...

Eles a conhecem por acaso, eu gosto dessa coisa do acaso que de repente muda tudo na sua vida. *Dois rios* é um livro sobre isso de alguém poder mudar a sua vida. Acredito nisso, acho que o que muda a gente não é uma vontade de mudar, mas são os encontros da vida, com uma pessoa, com um lugar, com um livro. Mudamos conforme os acasos. A mudança não vem de uma coisa consciente. Se mexe só o consciente não muda, tem que mexer no inconsciente.

Você pensa muito no passado?

Agora que tenho filhos só penso no que eles vão comer, se não estão ficando doentes etc. [Risos.] Não tenho mais tempo para pensar no passado. Mas sim, antes eu pensava muito. Acho que a morte da minha mãe foi muito importante nessa coisa de ter um lado meu muito voltado para o passado, porque foi muito difícil, demorou muitos anos, foi um luto muito grande e me fazia olhar para o passado. Nós éramos muito próximas, e como ela ficou doente por bastante tempo acho que teve uma coisa de ela querer nos mostrar coisas. Quando eu tinha quinze anos ela nos levou, a mim e à minha irmã, para conhecermos a Itália, mostrou a casa onde tinha morado.

E você ficava tentada a achar explicação para a morte dela?

Para mim não existe um destino para a frente, mas existe um destino para trás. Depois que as coisas acontecem você tenta encontrar um sentido, encontrar uma narrativa. A história me interessa mais do que o futuro, me interessa mais contar uma história para trás do que uma história para a frente. E tem também essa conversa com os mortos, que é uma coisa que a nossa cultura ocidental perdeu, e que a cultura indígena tem muito, por exemplo. Os índios enterram as pessoas embaixo da rede onde dormem. Isso, de aproximar os mortos, está no *Dois rios*. Descobri que na Córsega, nas casas mais antigas, existia um quarto para os mortos. Mortos fazendo parte da vida, isso é uma coisa muito importante para mim, o passado como presente, essa conversa com quem veio antes de nós e a ideia de que somos, também, o que veio antes da gente.

Você veio parar em Portugal por um acaso, não foi?

Sim, conheci o Pedro aqui. Vim passar um mês em Lisboa, era o "Ano do Brasil em Portugal", fui convidada, vim para lançar dois livros. E aí conheci ele...

E ficou.

Ele foi para lá algumas vezes e depois em vim para ficar sete meses, aluguei meu apartamento lá e vim. Falei: vou para ver como é que é. Mas eu sempre disse para ele que quando a gente tivesse filhos eu ia querer passar uma parte da infância deles no Brasil porque não queria que meus filhos fossem só portugueses. Eu não sou portuguesa, eu sou brasileira.

Mas agora mudaram os planos.

Mudou, eu não consigo ter vontade de ir para o Brasil nem para visitar quanto mais para morar. Não vou fazer isso com os meus filhos.

No conto "O Rio sua" você fala sobre o que estar no Rio provoca. Você sente saudade?

Sentia saudade até o Bolsonaro ser eleito. Antes eu sentia mais falta, pensava mais no Brasil. Sempre achei que a minha casa, no sentido de lar, era lá, mesmo morando há anos aqui. Mas esses dias fui para a Suécia e na volta, olhando Lisboa lá de cima, senti que estava voltando para casa. Pela primeira vez senti isso. Sabe por quê? Porque comecei a sentir que o Brasil já não é mais a minha casa, esse Brasil aí não é a minha casa. Já faz mais de um ano e meio que não vou, antes eu nunca pensaria em ficar tanto tempo sem ir. Mas sempre vou me sentir estrangeira aqui. Daqui a quarenta anos eu vou ser estrangeira, embora eu trabalhe aqui, seja casada com um português, tenha filhos portugueses. O meu cabelo fica uma merda aqui. Tem essa coisa do reconhecimento do corpo, parece que a minha pele, o meu cabelo ficam diferentes aqui. Sinto falta do mar, detesto inverno...

Tem alguns assuntos que se repetem nos seus livros, isso é planejado ou de repente você pensa: está aqui de novo, já estou outra vez falando disso?

Não, nada é planejado. Acho que as nossas obsessões vão com a gente para qualquer lado. Não é uma coisa consciente.

E quais são, para você, os assuntos que sempre voltam nos seus livros?

Várias coisas. A questão da memória, sem dúvida, está em todos. Todos os meus personagens têm passado. Bom, agora no livro que estou escrevendo praticamente o passado não importa, não tem esse passado familiar. Talvez o fato de eu ter virado mãe tenha a ver com isso, quando você é mãe isso vai para outro ponto, você deixa de ser aquela que vai recebendo a herança para ser aquela que passa a herança. Acho que talvez isso tenha me mudado de lugar.

Outro assunto que acho que é recorrente nos seus livros: personagens que não conseguem se mexer, que estão estagnados.

Tem uma coisa nesse processo de luto da morte da minha mãe, que foi muito longo, que foi que num determinado momento eu não conseguia sair da cama. E foi quando veio a vontade de escrever o livro, acho que teve a ver com esse processo de luto e de ficar na cama pensando nessas histórias familiares de expulsão, de exílio, e ir contando isso para mim mesma. Não tem nada a ver com cura, mas é um processo que acho parecido com a psicanálise no sentido de que é um exercício de você narrar, de você se narrar, para encontrar sentido para coisas que muitas vezes não têm sentido. Isso do acaso, por exemplo, muitas vezes não tem sentido. Mas se você narrar você encontra um sentido. Toda história que é contada não é contada na sua totalidade. Você sabe de uma coisa, de outra, e tem todo o resto que você não sabe...

E você tem que preencher.

E que você nunca vai preencher, na verdade. Acho que nos meus livros, mais do que a história, o que está é a memória. Porque a memória tem todas as falhas, os vazios, aquilo que você nunca vai saber. A memória também é contraditória, às vezes você se lembra de uma forma e depois se lembra de outra forma e você não sabe como foi. É uma narrativa, a memória é uma ficção.

Quando você começa um livro você já sabe como vai ser, o que vai acontecer?

Nunca sei. Sei pouca coisa sobre o livro. O que tenho são imagens, acho que isso define muito como escrevo. Costumam ser capítulos muito pequenos, como se fosse uma cena, e é aquilo que importa. Não sou uma romancista de ficar detalhando, de ficar descrevendo coisas que não importam mas que são parte do romance também. Não sei fazer isso.

Numa crônica você diz que durante um bom tempo não se interessava pelo feminismo, que para você era algo meio antiquado, e de repente se deu conta de que era feminista. Como foi isso?

Eu não tinha consciência, acho. Sou filha desse feminismo, a minha mãe era feminista. A questão do corpo aparece em tudo o que escrevo, acho que o meu corpo sempre foi feminista, sempre me coloquei fisicamente como livre. Sempre agi assim em tudo, no trabalho, na vida. Acho que tem a ver com a educação que recebi, a minha mãe sempre foi assim. Eu me lembro de na minha adolescência, talvez com quinze anos, fazer topless em Ipanema, uma coisa que ninguém fazia, ficava todo mundo olhando. Mas como eu fazia, conseguia as minhas coisas, achava que já estava tudo conquistado, até passar a ter essa consciência de que ainda temos que ser feministas.

Existe um rótulo dentro da literatura que é a da "literatura feminina". Até há pouco isso era sinônimo de livros "água com açúcar", mas hoje em dia já se usa também no sentido de uma literatura que aborda questões do universo feminino. Você aceita esse rótulo?

Quando se fala em literatura feminina, está se associando a uma literatura cor-de-rosa, porque quando se diz isso o que se quer dizer é que a literatura pertence aos homens e depois há uma literatura, um subgênero, uma subliteratura, que é a literatura feminina. Então, nesse aspecto, nesse sentido, não aceito para mim.

E literatura feminista?

Literatura feminista!? Olhando para trás, eu diria que sim, porque todos os meus livros são feministas. Todos os meus livros falam de alguma violência contra a mulher e ao mesmo tempo em todos eles eu faço questão de que a mulher se coloque, que as mulheres falem… então é uma coisa de dar voz à mulher. Não é bandeira, mas tem uma pequena política nisso. Acredito muito nisso, não é uma literatura engajada, mas acho que a literatura é sempre política, porque tudo o que a gente faz é político, as escolhas que você faz, a voz que você dá.

Você se posiciona muito politicamente nas colunas, nas entrevistas, nas redes sociais, é muito crítica ao atual governo brasileiro. Nunca se sentiu obrigada a falar desses temas nos livros, usar a ficção para denunciar?

Objetivamente, não. Se aquilo, subjetivamente falando, não faz um sentido para mim, não mexe muito com alguma coisa que está no meu inconsciente, não funciona. Não vai ser bom e eu vou abandonar, como abandonei os romances históricos que tentei fazer. Não vai ter uma verdade, que não é a verdade dos fatos. Tem que fazer sentido para mim senão não vai fazer sentido para o leitor. Por exemplo, esse romance que estou escrevendo agora é uma coisa que para mim faz muito sentido, porque era uma pessoa muito próxima, uma história que vivi muito de perto, que fui acompanhando e que mexe com os meus medos enquanto mulher, enquanto mãe de uma menina. Mas ao mesmo tempo não deixa de ser um livro político, estou falando de mulheres sendo estupradas no Rio de Janeiro em 2014 enquanto a cidade é vendida como a melhor cidade do mundo, com Olimpíadas sendo feitas etc.

Você falou que com a maternidade se tornou uma pessoa que pensa menos no passado. Ser mãe mudou o seu olhar enquanto escritora?

Não sei responder isso, é muito recente ainda. Mas olha só, em 2014 fiquei com vontade de escrever sobre essa história que tinha acontecido com uma amiga, mas depois fiquei grávida e desisti. Achei que era um assunto muito pesado. Voltei para um romance que escrevo há anos e nunca acabo, mas fiquei com aquilo na cabeça. E daí no ano passado fiquei grávida de novo, mas esperando uma menina, e o fato de colocar uma mulher no mundo me deu vontade de escrever esse livro. E escrevi grávida e depois amamentando.

E sobre o que é o livro?

É a história de um estupro real. Em 2014, uma amiga muito próxima foi estuprada na Vista Chinesa, um cartão-postal do Rio de Janeiro. Era o ano da Copa, dois anos antes das Olimpíadas, bem aquele momento em que o Brasil e o Rio estavam bombando. Depois do estupro, houve uma longa investigação em busca do agressor. E teve toda aquela coisa de ter que fazer reconhecimento de vários suspeitos, ter que se lembrar constantemente do trauma. Ao mesmo tempo, quanto mais se distanciava do acontecimento, mais a memória se confundia. Diante de uma fotografia, ela às vezes achava que não era o estuprador, depois achava que sim... Um pouco depois disso, vi uma exposição em Paris de uma fotógrafa americana. Eram retratos de pessoas que tinham sido presas por terem sido reconhecidas através de fotografias, mas eram todas inocentes. Foi então que tive a ideia de escrever o livro.

E você voltou a falar com ela quando finalmente decidiu escrever?

Jamais faria o livro sem falar com ela. Em 2018, eu falei que queria, finalmente, levar adiante o projeto, e perguntei se ela estava disposta a retomar o assunto. Fiz uma série de entrevistas e ela me contou tudo. Acho que foi um processo importante porque ela nunca tinha contado em detalhes. A violência fica, não vai embora. Depois de obter esse material, tive que encontrar a forma de contar a história, e me veio a ideia de uma mãe escrever para os filhos o que lhe havia acontecido quando eles ainda não existiam. É uma carta hipotética, porque as crianças são pequenas, mas é como se a mãe dissesse: vocês já sabem o que aconteceu mesmo que eu não fale, isto está com vocês, vocês foram gerados neste corpo que um dia foi violentado.

E foi mostrando para ela o que ia escrevendo?

Fui mostrando até certo ponto, depois parei e só mostrei de novo no fim. Eu precisava encontrar o meu caminho de contar a história, de transformá-la num romance, que é o que me interessa. No fim do processo, ela me disse que gostaria que eu revelasse que o livro é baseado numa história real. E depois me pediu para colocar o nome dela. Eu perguntei: você tem certeza? E ela, já muito madura em relação a isso, respondeu: eu não tenho vergonha, não posso ter vergonha do que me aconteceu.

De certo modo, ter passado cinco anos é bom, tem uma certa distância.

Foi bom ter dado mais tempo, até porque no livro eu também resolvi contar hoje uma história que aconteceu em 2014. Ela [a narradora] conta o que aconteceu e conta o que ficou daquilo, como aquilo ainda continua.

No *Paraíso* está também a questão da violência contra a mulher. E também o tema da herança, nesse caso das mulheres que não conhecerão o amor.

Isso também vem de uma história que ouvi de uma amiga. Na família dela tinha a história de uma escrava que era amante de um barão do café e que, antes de ser morta, deixou essa maldição. Eu me interesso por essas histórias que vão passando de geração para geração, como uma herança que é um peso. Essas meninas que crescem ouvindo que fazem parte da última geração de mulheres amaldiçoadas.

E a sua amiga levava a sério?

Não, contava com ironia, é muito cética. No começo tentei fazer um romance histórico, estudei os barões do café etc. Mas chegou uma hora que pensei: vou ter que ficar contando um monte de coisa que não importa, um monte de detalhes, não vai dar certo. Porque o que me interessa, na verdade, é como é que aquilo chega, o que é que chega, o pedaço de coisa que chega, não é a coisa inteira. Eu me interesso pelos fragmentos, por isso que a narrativa também é fragmentada. É como ir para a Itália e visitar as ruínas. Gosto de chegar, ver aquilo e ter que imaginar o resto. Ou não imaginar e ficar com aquele vazio, gosto dos vazios das ruínas.

Ou seja, não é voltar no tempo e ver como era, é ver o que ficou. É visitar Roma hoje, não no apogeu do Império Romano.

Sim, me interessa o vestígio muito mais do que a reconstrução da coisa, é isso.

Achei engraçado uma coisa que li numa entrevista sua. Isso de roubar frases de outros autores e colocar nos seus livros...

Hoje mesmo eu roubei uma frase para esse romance que estou terminando. Era uma coisa que pensava em usar como epígrafe do livro mas depois achei que não funcionava. Então peguei a frase e coloquei lá no meio do texto.

E de quem era a frase?

Não vou falar. [Risos.]

Você rouba só de mortos ou de vivos também? Alguém já reclamou?

Não, você rouba e coloca em outro contexto e ninguém sabe. A literatura sempre fez isso, essa ideia do plágio é muito contemporânea. Você pega a poesia barroca e era um roubando o outro.

Para você, é uma forma de homenagem?

É. Acho que é uma espécie de conversa com os outros, de um diálogo com o que veio antes. Eu nem sei dizer mais nos meus textos o que é roubado e o que não é.

Djaimilia Pereira de Almeida e a descoberta da imaginação

Oeiras, inverno de 2020

Djaimilia guarda em casa um par de luvas brancas, a bandeira de um time de futebol, latas metálicas de pomada, uma mala de viagem e muitos outros itens que não lhe pertencem, mas sim a personagens do seu livro. Durante anos a escritora foi a feiras de antiguidades e comprou, sem saber o motivo, adereços, roupas e objetos que posteriormente serviram para compor os personagens de *Luanda, Lisboa, Paraíso*, romance lançado em 2018. Após passar anos na companhia daquelas pessoas que inventou, ela hoje confessa sentir a falta delas. "Esses dias tive tanta saudades do Cartola, mas tanta, que até chorei. Juro-te", conta enquanto abre gavetas da sala e da cozinha de casa para mostrar os pertences das suas criaturas.

Nascida em Angola em 1982, Djaimilia Pereira de Almeida mudou-se para Portugal ainda pequena. É doutora em teoria literária pela Universidade de Lisboa e antes de escrever romances publicou ensaios e textos acadêmicos. Estreou na ficção com *Esse cabelo*, em 2015. Com *Luanda, Lisboa, Paraíso* conquistou três importantes prêmios (da Fundação Inês de Castro, da Fundação

Eça de Queiroz e o primeiro lugar do prêmio Oceanos). Em 2017 publicou *Ajudar a cair*, um livro que navega entre a reportagem e o ensaio e que trata da vida de pessoas com paralisia cerebral.

Depois de dois romances que têm como pano de fundo a identidade, o deslocamento e o colonialismo, a escritora acaba de publicar *A visão das plantas*, um livro "muito diferente dos outros", em que dialoga com o escritor português Raul Brandão. "Logo no início d'*Os pescadores*, Raul Brandão refere-se a uma personagem que conheceu na sua infância. Um homem que tinha um passado terrível e misterioso. Contava-se que tinha feito as maiores barbaridades, mas que no fim da vida era um verdadeiro santo a cultivar um jardim. E esta personagem fascina-me há quase vinte anos. Raul Brandão fala disso num parágrafo curto e eu escrevi um livro", explica.

Nesta conversa sobre o aprendizado que a escrita traz, os limites da imaginação e a importância da obsessão para quem escreve, falamos também da companhia que os livros nos fazem. "Há certamente coisas mais importantes na minha vida, as pessoas que eu amo, as pessoas de quem eu cuido, as pessoas à minha volta são mais importantes do que os livros, mas logo a seguir vêm os livros."

Você não fez uma sessão de lançamento deste último livro. Por quê?

Só fiz do *Esse cabelo*. E do *Ajudar a cair* fiz porque foi um livro acerca de uma instituição que acolhe pessoas com paralisia cerebral, envolveu muitas entrevistas e toda a comunidade desse centro [a apresentação foi no local e teve na plateia os internos]. Depois não voltei a fazer, não gosto. Não gosto de ser o centro das atenções, não gosto de fazer festa de anos, por exemplo. É do meu temperamento, não gosto de situações em que está toda a gente a olhar para mim. À medida que os anos foram passando e que fui ficando cada vez mais solitária a escrever, cada vez custa-me mais...

A impressão que tenho é que você é uma pessoa bastante analógica, não é muito adepta do mundo virtual.

Facebook eu nunca tive, mas já tive várias contas no Instagram. Estou sempre lá um bocado, depois incomoda-me e saio. Agora voltei, mas tudo aquilo me fez muita confusão, o ritmo faz-me confusão. Acho importante ter, até para estar em contato com as pessoas, gosto de seguir pessoas que admiro, acompanhar o trabalho delas. Senão passa-me muita coisa ao lado, as pessoas partilham tudo ali e acabo por perder coisas. Mas tem que ser com muita moderação porque sou mesmo muito analógica.

Mas sente que está perdendo tempo ali?

Não, não tem nada a ver com isso. Gosto do contato efetivo com as pessoas, de estar com os meus amigos, de encontrar as pessoas e conversar. Conhecê-las realmente. Aquele sistema que se gere, virtual, de não tocar as pessoas, incomoda-me um bocadinho. Por outro lado, já me aconteceram coisas muito bonitas por Instagram. Tenho vários amigos com quem me correspondo que conheci ali. Portanto, não tenho nenhum preconceito, simplesmente o meu cotidiano tem um ritmo muito próprio e que é muito divergente daquela coisa rápida das redes sociais. Para escrever preciso estar com um certo estado de espírito.

Você trabalha em casa, tem um horário estabelecido?

Até o *Luanda, Lisboa, Paraíso* eu trabalhava oito horas por dia num escritório. E despedi-me [para escrever o livro], foi assim um salto completamente no escuro.

Mas já tinha algo do livro escrito?

Tinha começado a escrever, muito pouco, e nada daquilo se aproveitou. Mas tinha a ideia do livro. Fiquei desempregada, nem tinha subsídio desemprego, e fiquei três, quase quatro anos, a escrever. E então, se até ali a experiência de escrever era mais ou menos desorganizada, sem grandes regras, nas horas vagas, ela foi ganhando rotinas. E a escrita do livro foi me moldando e foi transformando a minha maneira de me relacionar com a escrita.

Ficar tanto tempo com um livro, sem saber o que vai dar, deve ser angustiante.

Foi bem angustiante. O *Luanda* foi um mergulho muito grande, muitos anos sozinha a escrever em casa é uma coisa que te transforma. Fui criando essas rotinas, perceber qual a melhor altura do dia para mim, qual a melhor luz do dia para escrever, em que parte da casa escrevo melhor — o livro foi quase todo escrito na cozinha.

O *Esse cabelo* foi escrito na sala, com as suas tias a conversarem, não foi?

O *Esse cabelo* foi uma coisa muito diferente. Eu tinha muitas notas, escritas ao longo de muitos anos, que depois vieram a ser integradas, mas o fôlego principal do livro apareceu num momento em que o meu marido, o Humberto, tinha viajado e eu estive na casa de uma tia, com quem fazia muito tempo que já não estava. É uma mulher incrível, com muita vida, e durante esse tempo ela encheu-me de boas energias. Ficava com ela na sala, à noite, a conversar. E às tantas já eram duas tias minhas lá na casa, a conversar, e eu a escrever. Depois disso ainda demorou uns dois anos para sair o livro, mas o principal foi feito durante aquelas noites. O livro tratava de alguns aspectos da minha família e eu perguntava coisas para elas. Foi um livro muito participado, havia muitas coisas da minha infância de que eu já não me lembrava.

Logo no começo desse livro você diz que teve medo de ele ser fútil, por quê?

Questiono isso, ou questionei-me na altura, porque para todos os efeitos ia tratar de cabelos e cabeleireiras e isso poderia parecer uma frivolidade. O tom do *Esse cabelo* é um bocadinho diferente dos outros livros porque eu estive muitos anos na universidade, doutorei-me, estive muitos anos a estudar, com bolsas, e estava habituada a escrever ensaios acadêmicos e coisas para a universidade. Então ainda tem esse tom mais ensaístico. Depois fui perdendo, não de propósito, mas com a passagem do tempo, com ganhar mais prática, isso foi saindo um bocadinho.

De onde vem a sua relação com os livros? Desde criança já lia?

Durante muito tempo nunca falei disso, porque não gostava muito daquela figura das pessoas que diziam que estão a escrever desde os cinco anos, achava isso um bocadinho clichê. Mas a verdade é que desde menina, desde muito pequena, sempre tive especial jeito para fazer composições e tive a sorte de crescer com pessoas que me deram a ler desde muito cedo. Vivi com os meus avós na primeira infância e eles liam muito, eram daquelas pessoas que acompanhavam os romances que saíam. Havia uma relação com a literatura na casa. Eu escrevia quando era miúda, o meu pai e o meu avô eram grandes incentivadores dessa veia. Mas apesar disso, quando cheguei na altura de escolher uma área, eu tinha muito boas notas e fui aconselhada por aquelas psicólogas que há nas escolas a ir estudar ciências. Fiz o secundário em ciências, mas sempre a escrever, nessa altura já com profunda intensidade. E na hora mesmo de escolher o curso, aos dezoito anos, tive um momento de lucidez e decidi pelo curso de Estudos Portugueses.

E fez mestrado e doutorado. Pensava na carreira acadêmica?

Meu objetivo, quando fui para a universidade, era mesmo escrever, e na altura eu só escrevia poesia. Mas quando o curso começou foi um mundo novo. Estava acostumada a ler livros mas não estava habituada a ler comentadores de livros, não sabia muito bem o que era a crítica literária. Não tinha uma grande noção da tradição, uma visão panorâmica, e quando ali cheguei passei a estar mais interessada em ler do que escrever. E isso durou quase quinze anos.

E agora há pessoas na academia a estudarem os seus livros...

Isso é muito estranho. Fico contente, claro, mas acho que se estivesse na universidade não estaria a estudar os meus livros. [Risos.]

E você se interessa em saber o que se fala sobre os seus livros?

Não, não tenho grande interesse. Algumas coisas até me chegam, porque as pessoas enviam-me, mas não me interesso por ver. Não é por uma razão em especial, mas é porque acho que a pessoa deve manter uma certa distância.

E em relação ao que sai na imprensa?

Também. Às vezes dou uma entrevista e estou preocupada se a pessoa me citou bem, porque já me aconteceu de dizer uma coisa e não ser exatamente aquilo que aparece. Isso preocupa-me um bocadinho e então vou ver se está tudo bem. Mas quando as editoras mandam o clipping, por exemplo, não costumo ler. Interessa-me mais a opinião de algumas pessoas que escrevem na imprensa e que admiro. Sinto-me lisonjeada de elas lerem os meus livros e sinto que me podem dar direções. Interessa-me, sobretudo, como colocam o meu livro no contexto de outros livros. Tenho a sorte de ter muito bons leitores, também na universidade, que têm dito coisas muito interessantes, que têm algo a acrescentar. Agora, as opiniões que me interessam mais não vêm nos jornais. Ainda hoje me aconteceu, agora há pouco fui à mercearia e encontrei uma vizinha, com quem nunca tinha falado, só dizíamos bom-dia e boa-tarde, e ela viu-me e disse-me que tinha lido o meu livro, contou-me o que tinha achado, e disse que tinha dado um texto meu que saiu no jornal a várias pessoas da família. Esse é o contato que mais gosto. Ainda existem aquelas pessoas que gostam de romances e leem um livro meu como poderiam ler qualquer outro autor. Leitores comuns, que gostam e acompanham. Isso deixa-me muito feliz, entrar para os hábitos de leitura dessas pessoas.

A sua estreia, com o *Esse cabelo*, teve uma repercussão inesperada, não foi?

O *Esse cabelo* foi muito particular porque aparece num momento muito particular para esse tema. Antes de mais nada, havia todo um drama cômico prévio na minha relação com o meu cabelo, só que até uns anos antes de escrever o livro eu não tinha noção que essa minha história era comum a muitas outras pessoas. Ganho noção disso através de canais do YouTube, e começo a perceber, ainda antes de escrever, que há, espalhadas um pouco por todo o mundo, uma série de raparigas, com cabelos iguais aos meus, que partilham vídeos sobre como arranjar o cabelo, que escrevem blogs sobre isso e que há toda uma comunidade a girar em torno desse assunto.

Lembro que no livro você fala da alegria de ver na rua uma mulher negra com um cabelo lindo.

Exatamente. Quando eu era adolescente, havia muito poucas raparigas negras aqui em Lisboa que deixassem o cabelo natural, sem produtos químicos, sem desfrisante. Era muito raro ver assim um cabelo muito bonito. Então, quando via um ficava assim a namorar. E foi isso, de repente apercebi-me que havia montes de raparigas que estavam a fazer aquela coisa muito generosa de partilhar com as outras como é que se fazia, a ensinar como é que se tratava do cabelo, e percebi que havia uma corrente de partilha, de energia ali. Então, a dada altura eu estava a arranjar o meu cabelo de acordo com os ensinamentos dos vídeos, elas eram para mim anjos que estavam a ajudar a resolver um problema enorme para mim. E de repente pensei: quero fazer parte, ser amiga dessas raparigas, mas não sei arranjar cabelos, não sei fazer vídeos. O que é que eu posso fazer para partilhar dessa conversa, dessa corrente? Então o *Esse cabelo* nasce dessa vontade. E depois foi muito bonita a maneira como essa comunidade adotou o livro. De repente ele já estava dentro desses vídeos, isso foi muito emocionante para mim.

Você nasceu em Angola mas veio para cá muito pequena, tem alguma memória?

Vim muito pequenina, mas depois, ao longo da infância e da adolescência, eu ia visitar familiares. Não ia todos os anos, mas com frequência. Então tenho memórias das férias — verões daqui, invernos lá — que passei em Angola aos sete, aos nove, aos catorze anos. A última vez que estive foi há vinte anos, e nunca mais voltei porque os familiares que tinha lá deslocaram-se para outros países. E portanto tenho uma memória vaga, que é sobretudo a memória de casas de pessoas que já morreram quase todas.

E você tem vontade de voltar?

Durante muitos anos não pensei nisso, não me apetecia ir, não me apetecia pensar nisso, não havia um apelo de nenhum gênero. Mas mais ou menos pela altura dos meus trinta anos, por uma razão que não sei explicar, talvez tivesse a ver com a idade, de repente comecei a sentir uma espécie de saudades, de chamamento, e comecei a fazer uma série de perguntas que nunca me tinha feito: quem eu era, de onde é que tinha vindo, qual era a minha terra, como eu me relacionava com essa terra.

A narradora do *Esse cabelo* também se faz essas perguntas.

Eram justamente essas perguntas. Mas não foi premeditado. Aliás, é curioso ver o que escrevi antes do *Esse cabelo*, as minhas ideias não estavam nada direcionadas para aí. Começou a acontecer a certa altura da minha vida e antes de se exprimir por escrito exprimiu-se de outros modos. Por exemplo, comecei a querer ouvir a música que os meus pais ouviam quando eram namorados. Comecei a ouvir música angolana, a assistir à RTP África, hábitos que eu não tinha. Coisas simples, mas algo muito intenso. E foi curioso porque percebi que aquilo que estava a viver não era, mais uma vez, uma experiência única, que havia outras pessoas que eu conhecia, mais ou menos da minha idade, que estavam a sentir apelos parecidos. Mas ainda não voltei a Luanda.

Mas você tem medo de voltar?

Não, não tenho medo, mas não aconteceu. Tenho vontade e acho que vai ser assim alguma coisa emocionalmente muito intensa quando acontecer.

Depois do *Esse cabelo* acho que ficou uma expectativa de como seria o seu livro seguinte, se continuaria com o mesmo assunto. Sentiu-se pressionada?

Não senti. Mas para mim o importante é ser livre a cada momento. Quando estou a escolher que livro vou fazer só estou a pensar em mim, sobre o que me apetece escrever, sobre o que posso dizer alguma coisa, que história me apetece contar, na companhia de quais personagens quero passar tanto tempo. E foi uma coisa natural.

A forma de narrar do *Luanda* é bem diferente...

Acho que há uma progressão no que tu vais fazendo, vais aprendendo a fazer coisas, vais ganhando mão e capacidades que não tinhas. Acho que o *Esse cabelo* é escrito em primeira pessoa porque era uma história muito próxima de mim, tentei várias vezes escrevê-la em terceira pessoa e havia uma sensação de falsidade, uma espécie de inautenticidade qualquer que tinha a ver com o fato de estar a falar de mim, de uma coisa colada à pele, era importante falar na primeira pessoa. É curioso, há uma transformação que se dá e que passa pela experiência de escrever o *Ajudar a cair*, que é um livro um bocadinho lateral, mas que para mim foi absolutamente decisivo naquilo que vem a ser o meu trabalho nos últimos anos. Eu vinha dessa experiência de escrever sobre um assunto que me era tão próximo, de escrever em primeira pessoa, de estar a pensar em mim, no meu passado, nas minhas origens, e de repente houve uma deslocação do olhar. Nesse livro falo de uma comunidade com características muito particulares, estive em contato direto com pessoas para quem tudo aquilo que damos como adquirido está em questão, que não conseguem andar, alimentar-se sozinhas, falar, e esse contato me tocou de uma maneira muito particular. Nesse processo de convívio com essas pessoas percebi que durante dias, semanas, eu não tinha pensado sobre mim, e isso apareceu-me como um grande alívio, uma espécie quase de ideal literário, de afastar-me, desinteressar-me pelas vidas mais próximas e pelos meus próprios problemas, que se comparados com os daquelas pessoas são ninharia. Esse convívio deu-me certa distância e quando fui para o *Luanda* não me interessava voltar a esse ponto de vista. E acho que, mesmo que no futuro escreva um livro pessoal, e escreverei se a natureza do livro assim requerer, esse redirecionamento de olhar já não terá retorno.

O *Luanda* tem algumas coisas da sua família, do avô que vivia em Angola e veio acompanhar um doente em Lisboa, não?

O que se passa é que não é a história do meu avô, mas há esse mote, essa afinidade. A experiência do meu avô de acompanhar uma pessoa doente é uma experiência muito comum, portanto interessava-me não o caso do meu avô, mas o motivo habitual da deslocação. Há uma viagem que é motivada por isso.

Essa experiência é comum para quem vive em Angola mas talvez não seja muito explorada na literatura, certo?

Isso, não era, e também havia esse interesse. É uma causa muito comum da vinda de pessoas da geração do meu avô, e de mais recente, para Portugal, que é pouco falada, mas há escritos sobre isso. Interessava-me esse assunto e não sei qual é a origem e a consequência, mas a saúde e a doença são temas que me interessam. Quando decidi fazer o *Ajudar a cair* havia uma motivação interior e quando fui para o *Luanda* também interessava-me falar desse tema, pensar toda uma série de aspectos das relações humanas que são ocasionados pela perda da saúde. E foi por isso que agarrei nesse caso que, por acaso, é paralelo ao caso do meu avô.

Li uma entrevista em que você contava como esses personagens foram surgindo a partir de objetos, roupas que você comprou em feiras de velharias.

Durante muitos anos eu ia, religiosamente, todas as semanas, a essas feiras à procura de nada em especial e com muito pouco dinheiro. Normalmente, quando vou às feiras, quase que os objetos é que me pedem que os compre, não sou bem eu que decido comprá-los. Há coisas que nos atraem naturalmente, que chamam por nós. Então comecei a comprar uns objetos desirmanados, soltos, sem aparente relação entre si: uma mala, roupas de homem, de senhora, as coisas mais variadas, e depois quando estava a escrever o livro os objetos apareceram, as pessoas apareciam vestidas com aquelas roupas. Fui alimentando isso quando percebi que havia um mecanismo qualquer interessante que alimentava a minha imaginação, fui perseguir esse fio. Quase todos os objetos que são referidos no livro são objetos que tenho, guardo-os comigo até hoje.

E você, para escrever o livro, tinha uma estrutura?

Não, não tinha. Mas mais importante do que não ter uma estrutura era eu não saber se sabia fazer o livro. Não sabia se conseguia imaginar uma história, porque quando tu começas a imaginar, quando largas a tua vida para trás e começas a inventar, há toda uma série de questões que se colocam. Pelo menos no meu caso foi assim, e a mais habitual era: tentava imaginar uma ficção, um capítulo curto, e tudo aquilo me devolvia uma imagem de mim própria que me fazia me sentir um bocadinho tonta, um bocadinho ridícula. Era como se o resultado da minha imaginação me revelasse como uma narradora mais imatura, mais frouxa, menos inteligente, com menos densidade do que eu imaginava. Então houve um grande estranhamento.

Até em que momento do livro isso aconteceu?

Durante vários meses, e tudo o que escrevi nessa altura não entrou para o livro. Até que há um capítulo que escrevo, numa tarde, quatro páginas, e foi a primeira vez que escrevi algo e consegui conviver com aquilo. Veio a ser um capítulo que entra muito mais à frente no livro, mas foi o primeiro que eu escrevi.

E que depois de feito parava em pé sozinho, não se desmanchava.

Exato. Há uma coisa curiosa que acontece quando escreves e não tens um plano, que era o meu caso, é que vais inventando a história e não apenas vais descobrindo qual é a história que estás a contar como também percebes qual é o aspecto da tua imaginação. Antes de inventares uma história tu não sabes isso. É como se a nossa imaginação tivesse uma forma que desconhecemos e que é revelada quando escrevemos um romance. Não são só os outros que veem como ela é, mas para ti própria é uma surpresa. Porque eu estava habituada a escrever ensaios acadêmicos, textos na primeira pessoa, estava habituada até a fazer uma espécie de reportagem mas não estava habituada a imaginar. Como é que eu sou quando estou a imaginar? Então, há um desconforto, mas ao mesmo tempo há uma surpresa e isso é entusiasmante.

No *Luanda* há um texto que vem antes do primeiro capítulo, uma espécie de capítulo zero...

Sim, se reparares em quase todos os meus livros há essa espécie de prefácio. É uma brincadeira que faço. O objetivo desses pequenos textos é dar o tom. Quase como afinar o instrumento antes de começar a tocar. Se reparares aqui [abre o livro] diz: "em troca de quinhentos paus e de um diapasão que trouxera de Luanda". Então tem esse sentido.

E as cartas que estão dentro do livro?

Isso foi completamente espontâneo, foram surgindo. A certa altura interessava-me que o leitor pudesse ouvir a voz dessas personagens porque havia pouco diálogo no livro. Interessava-me não só que o leitor ouvisse isso como eu também queria ouvi-los. Então as cartas e os telefonemas ajudavam a dar o tom da voz deles, a trazer o som para dentro do livro.

Li um texto da Inocência Mata em que ela diz qualquer coisa como: seus livros dão visibilidade a pessoas de Portugal que não costumam ser retratadas.

Sim, reconheço isso. Mas, se isso acontece, se os livros que escrevo trazem para a conversa pessoas que não costumam aparecer, não foi porque eu pensei: vamos trazer essas pessoas para a conversa. As motivações são demasiado pessoais, intransmissíveis para que eu faça uma proclamação desse gênero, não seria honesto, não é assim. A verdade é que há sempre razões privadas, há sempre uma figura que ficou na nossa cabeça, uma pessoa que nos tocou na vida, e essas coisas são do foro íntimo. Isso quando são aspectos que têm uma base na realidade. E depois há a imaginação, que é selvagem e não tem propriamente regras.

Tem uma coisa que surge com frequência no seu trabalho que é o corpo, partes do corpo: cabelo, calcanhar, as mãos.

É, não sei por quê, é misterioso para mim. Mas tem vindo a acontecer de uma maneira conspícua, há certos aspectos do corpo que me atraem. De um lado é o cabelo, do outro é o calcanhar, são visões parceladas do corpo humano, nunca se vê a totalidade. Não sei por que isso me interessa. É daquelas coisas que não são... claro que uma pessoa decide sobre o que vai escrever, mas acho que não decide completamente aquilo que lhe interessa, há qualquer coisa de selvagem nisso. É difícil de explicar. Às vezes conseguimos explicar isso muitos anos depois. No meu caso, algumas pessoas, alguns leitores já apontaram isso: não só me interessam muitas vezes frações, aspectos do corpo humano, parcelados, como me interessam na sua dimensão machucada. É um cabelo com o qual não se convive bem, é um calcanhar que está torto, há sempre uma dimensão de imperfeição qualquer que me interessa. Por exemplo, eu só percebi isto depois, mas tenho um livro [de ensaios] chamado *Pintado com o pé* e uma pessoa que pinta com o pé não pinta bem. Há qualquer coisa que não funciona bem, é o corpo mas é o corpo quando ele não está a funcionar assim muito bem. E tenho uma certa obsessão por isso, mas não sei por quê. Normalmente o que me acontece é que, quando reconheço uma obsessão, não pergunto de onde é que ela vem mas vou atrás dela, vou alimentando.

A música é algo importante para você?

É essencial. Quando estou muito concentrada na escrita de um livro começa-me a custar lidar com o silêncio. Preciso estar sempre a ouvir música. E tenho uma relação muito particular com a rádio também, talvez porque passo muitas horas sozinha a escrever e, tal como as senhoras velhinhas, ouço muita rádio, tenho um fascínio pela rádio e gosto de ouvir pessoas a falar enquanto estou a escrever.

E esse Cartola do livro, tem algo a ver com o músico brasileiro?

Há uma canção muito famosa do Cartola, que se chama "O mundo é um moinho", que tem um poema que para mim é impressionante, sobre a inclemência da vida, sobre a maneira como a vida é completamente não misericordiosa. Há uma visão de mundo naquela canção que percebi que era um pouco o tom do *Luanda*. Essa canção foi muito importante, ouvi-a muitas vezes enquanto escrevia, essa e outras canções do Cartola. Cada livro tem os seus discos, a sua banda sonora própria.

Do *Esse cabelo* qual era?

Na altura havia um disco da Beyoncé que ficou muito conhecido. Numa das canções há um *sampler* da Chimamanda [Ngozi Adichie], ouvi muito aquele disco. Havia outras músicas também, acho que sou a pessoa com gostos musicais mais ecléticos que conheço. Posso fazer uma playlist que começa com uma quizomba, a seguir Bach, depois Amália Rodrigues e Beyoncé. Isto é a Djaimilia, eu sou um bocadinho assim na vida, sou muito pouco preconceituosa, gosto de tudo um pouco. E com a mesma intensidade e emoção.

Agradecimentos

Eu era um estudante de direito que lia romances durante as aulas. E num certo dia de junho de 2004, graças ao amigo e jornalista Fernando Evangelista, estava sentado em frente a Eduardo Galeano e podia perguntar o que quisesse ao escritor cuja obra eu tanto admirava. Foi a minha primeira entrevista e talvez não seja exagerado dizer que este livro começou a ser construído naquela tarde em Montevidéu. Ao Fernando Evangelista, ao Eduardo Galeano, e a todos os autores e autoras que aceitaram participar nesta viagem, o meu muito obrigado.

Agradeço também às seguintes pessoas que, de distintas formas, me ajudaram neste trabalho: Carina Pons, Pilar Reyes, Max Santos, Clara Dias, Pilar del Río, Sérgio Machado Letria, Eric Becker, José Luis Peixoto, Daniel Mordzinski, Alejandro García Schnetzer, Francisca Noguerol, Helena Ales Pereira, Clara Capitão, Carles Álvarez Garriga, Rui Couceiro, Maria João Sales Machado, Julián Fuks, Joselia Aguiar, Ezequiel Martínez, Everton Machado, Sérgio Rodrigues, Schneider Carpeggiani, Robinson Borges, Fernando Gómez Aguilera, Eric Nepomuceno, Héctor

Abad Faciolince, Mempo Giardinelli e Miguel Ángel Bastenier (in memoriam).

E, sempre e acima de tudo, àqueles que fazem valer a pena publicar um livro: minha mãe, meu pai, Renata, Cristina, Pablo, Jorge e Fernanda; e também Maribel, Thiago, Lucas, Sangio, Pablo, Gabriel, Elis, Daniela, Ava e Manuel.

ESTA OBRA FOI COMPOSTA POR OSMANE GARCIA FILHO EM MINION
E IMPRESSA PELA GRÁFICA BARTIRA EM OFSETE SOBRE PAPEL PÓLEN NATURAL
DA SUZANO S.A. PARA A EDITORA SCHWARCZ EM AGOSTO DE 2025

FSC
www.fsc.org
MISTO
Papel | Apoiando o manejo florestal responsável
FSC® C105484

A marca FSC® é a garantia de que a madeira utilizada na fabricação do papel deste livro provém de florestas que foram gerenciadas de maneira ambientalmente correta, socialmente justa e economicamente viável, além de outras fontes de origem controlada.